Über das Buch

Als Sechzehnjährige musste Vera Friedländer in einer Schuhreparaturwerkstatt für die Salamander AG in der Köpenicker Straße in Berlin arbeiten. Dort sortierte sie Schuhe aus Auschwitz und anderen Konzentrationslagern. Vera Friedländers Schicksal steht exemplarisch für den Umgang mit den Opfern deutscher Unternehmen, die sich binnen kurzer Zeit mit Hilfe der Nazis enorm bereicherten. In ganz Europa zwangen diese bis zu elf Millionen Menschen zur Sklavenarbeit. Der Umgang mit diesem Erbe, das macht eine der letzten lebenden Zeitzeugen in ihrem Buch sichtbar, ist beschämend.

Über die Autorin

Vera Friedländer, geboren 1928 in Woltersdorf bei Berlin. Nach dem Krieg studierte sie Germanistik, promovierte und habilitierte. In den 70er Jahren lehrte sie in Warschau, in den 80er Jahren hatte sie eine Professur für Deutsche Sprache an der Humboldt-Universität. Friedländer lebt heute in Berlin.

VERA FRIEDLÄNDER

ICH WAR ZWANGS-ARBEITERIN BEI SALAMANDER

Das Neue Berlin

MIX
Papier aus verantwortungsvollen Quellen
FSC® C083411
www.fsc.org

ISBN 978-3-360-01313-2

Umschlaggestaltung: Buchgut, Berlin,
unter Verwendung eines Motivs von ullstein bild – Heritage Images/Fine Art Images
Druck und Bindung: CPI buch bücher.de, Birkach

Die Bücher des Verlags Das Neue Berlin
erscheinen in der Eulenspiegel Verlagsgruppe.

www.eulenspiegel.com

Inhalt

Einleitung

Die Zwangsarbeit ist meine Beziehung zu Salamander. Bereits in meinem ersten Buch (»Man kann nicht eine halbe Jüdin sein«) habe ich darüber geschrieben. Ein damals verfasstes Kapitel stelle ich diesem Buch voran. Verantwortung und Schuld des Salamander-Konzerns kann ich nicht als erledigt beiseite legen.

Kurz vor Weihnachten bekam ich einen Verpflichtungsbescheid mit dem handschriftlich hinzugefügten Kennzeichen V6 m. Ich hatte mich im Berliner Reparaturbetrieb von Salamander in der Köpenicker Straße 6a zu melden.

In einem Fabrikgelände auf einem Hof in der Nähe der Warschauer Brücke verbrachte ich von nun an die Tage. Ich kam, bevor die Sonne aufging, und durfte das Gebäude verlassen, wenn es wieder dunkel war.

Ich arbeitete im vierten Stock. Ich stand vor schweren Karren auf eisernen Rollen, die plumpen Regalen ähnelten. Auf ihnen wurden die Schuhe zwischen den Arbeitsplätzen hin und her transportiert. Von links wurden mir die Karren zugeschoben, beladen mit getragenen Schuhen. Sie waren reparaturbedürftig, und ich hatte zu prüfen, welche Reparatur zu machen war. Ich musste die Schuhe in die Hand nehmen, den Schaden bestimmen und die

Paare in andere Karren umsortieren: zum Steppen, zum Kleben, zum Besohlen und so weiter. Wenn ein Karren voll war, schob ich ihn dorthin, wo gesteppt, geklebt oder genagelt wurde. Die Karren rollten schwer. Trotzdem war ich immer froh, wenn einer voll war und ich meinen Platz für eine kleine Weile verlassen konnte. Es war die einzige Möglichkeit, mal den Blickwinkel zu wechseln. Auch meinen Beinen tat es gut, sie entspannten sich, wenn ich mehr als drei Schritte gehen konnte. Der Rücken schmerzte nicht so wie bei dem ständigen Drehen und Bücken während des Sortierens.

Ich arbeitete an der Stirnseite der Halle. Hinter mir befanden sich mannshohe, fest montierte Regale, in die ich beim Umsortieren Schuhe ablegte und stapelte. Die Regale bildeten eine Wand und schlossen diesen Teil der Halle ab. Dahinter befand sich ein kleinerer Teil, dort hantierten Franzosen an lederverarbeitenden Maschinen. Was dort entstand, sah nach Oberteilen von Stiefeln aus. In den Momenten, in denen ich erst wenige Schuhe in die Regale gestapelt hatte, konnte ich hindurchsehen zu den Franzosen.

Wenn es nur das Sortieren gewesen wäre und das Stehen vor den Regalen, könnte ich nicht mehr sagen als dies: Es war schwere, ungewohnte Arbeit. Aber es war Zwangsarbeit.

Das Regal hatte ich im Rücken, die Halle vor mir. Links und rechts neben mir waren Gänge, die bis zum anderen Ende der Halle reichten. Auf ihnen gingen die Aufseher auf und ab. Den Gang zu meiner Rechten beherrschte eine Frau. Sie trug immer einen biegsamen Stock bei sich, um auf Schuhschäden zeigen zu können, ohne die Schuhe anfassen zu müssen. Sie trug den Stock wie ein Dompteur seine Peitsche. Die Aufseher waren SS-Leute, auch die Frau zu meiner Rechten.

Sie wachten darüber, dass wir nichts anderes taten als arbeiten. Wir, das waren polnische Schuster, Frauen aus Serbien, französische Arbeiter, jüdische Frauen, Mädchen wie Hannchen und ich. Niemand durfte mit anderen sprechen. Wer bei der Arbeit sitzen musste, durfte nur sitzen. Wer zu stehen hatte wie ich, durfte nur stehen. Sie bewachten unsere Arbeit und das Tempo der Bewegungen. Das SS-Weib drückte, um mir den Arbeitsrhythmus beizubringen, ihren Stock in meinen Rücken, als sei ich ein verschwitzter Schuh, an dem sie sich ihre Finger nicht schmutzig machen wollte. »Ein bisschen Tempo, wenn ich bitten darf.«

Ich bewegte mich schneller, ich bückte mich, drehte mich, meine Hände hantierten, meine Augen suchten, Hände und Augen prüften, alles zugleich und nacheinander; nach links in die Karre gegriffen, nach mehreren Seiten einsortiert, der nächste Griff in die Karre, ins Regal, die nächste Drehung, bücken, aufrichten – so wanderten die Schuhe durch meine Finger in die Karren. Manchmal wurde mir dunkel vor den Augen. Das kam vom schnellen Drehen und Bücken oder vom leeren Magen oder von beidem. Dann hielt ich mich am Karren fest und hoffte, die Aufseherin würde es nicht merken.

Schläge hatten wir nicht zu fürchten, aber stets gegenwärtig war die Drohung, man werde uns ins Lager schicken so wie das Mädchen, das vor mir hier die Schuhe geprüft und die Karren geschoben hatte.

Sicher kann man bei solcher Tätigkeit eine gewisse Routine bekommen. An körperliche Belastungen gewöhnt man sich. Vielleicht wäre auch mir mit der Zeit alles nicht so schwer gefallen. Aber das SS-Weib hatte sich für mich etwas ausgedacht: Viele Schuhe hatten über der Naht am Hacken einen schmalen Lederstreifen, der aufgesteppt war, sich aber nach längerem Tragen lösen konnte. Dann wurde er wieder angeklebt, mit einem Leim, der Ago hieß. Bei allen Schuhen mit solchen aufgesetzten Streifen am Hacken musste ich prüfen, ob die Steppnaht noch fest war oder ob sich der Streifen vom Schuh löste. Dazu benutzte man normalerweise ein Werkzeug, das wie ein abgebrochenes Messer aussah.

»So macht man das«, erklärte mir die Aufseherin und zog das Metallblatt unter den Lederstreifen lang. Manche lösten sich davon, manche nicht. Mit etwas Druck auf das Metallblatt konnte man jeden Streifen vom Schuh lösen.

Ich dachte, sie würde mir das Werkzeug geben.

»Los, fang an!«

»Womit denn?«, fragte ich.

»Hast du keine Fingernägel?«

Ich zog also einen Fingernagel unter einem Lederstreifen lang und prüfte seine Festigkeit.

»Na bitte, wie gut du begreifst.«

Sie ließ mich mit den Schuhen allein. Sie beobachtete, wie ich langsam verstand, was sie sich ausgedacht hatte. Fingernägel nutzen sich ab. Wenn sie ständig unter Lederstreifen entlanggezogen werden, verbrauchen sie sich schnell und haben zu wenig Zeit zum Nachwachsen. Fingernägel bedecken die weiche Haut der Kuppen und schützen sie. Ohne die Nägel ist die Haut, die darunterliegt, dem Material ausgesetzt, das wir berühren. Das ist unangenehm. Wird diese Haut jedoch ständig an hartem, rauem Leder gerieben, führt es zu quälenden Schmerzen.

Als ich merkte, dass sich meine Fingernägel abnutzten und die Haut wund wurde, wechselte ich die Finger und schonte die wundesten. Ich wechselte zu schnell, so dass alle entzündet waren. Dann hantierte ich nach Plan: Ich benutzte immer nur einen Finger je Tag. Drei Tage hielt ich es durch, dann wechselte ich doch wieder schneller. Nach kurzer Zeit war das Weiße der Nägel völlig abgewetzt, der

Hautansatz schwoll, rieb sich durch, verschmutzte und fing an zu eitern. Meine Fingerspitzen waren eine verquollene Masse.

Mutter kühlte die brennenden Finger und salbte die aufgeriebene Haut. Sie ließ mich nichts anfassen, sie zog mich an und aus und wusch mich. Sie trocknete meine Tränen, denn auch das konnten meine Finger nicht verrichten.

»Ob ich je wieder richtige Fingernägel haben werde?«

»Aber natürlich, Kind, das wächst wieder.«

Damals glaubte ich es nicht.

Das Interesse der Aufseherin an mir ließ nach. Ich nutzte das und kontrollierte nur noch mit den Augen. Was abgetragen aussah, lud ich auf den Ago-Karren.

Einige Tage ging alles gut, dann kam die Aufseherin auf mich zu: »Komm mit!«

Sie machte kehrt, ich ging hinter ihr her. Mitten in der Halle führte eine breite Treppe einen Stock hinunter. An der Treppe stand Hannchen. Sie war auch Halbjüdin, auch Zwangsarbeiterin und noch ein halbes Jahr jünger als ich. Am anderen Ende der Halle hatte sie die gleiche Arbeit zu machen wie ich. Ihre Finger sahen aus wie meine.

Die Aufseherin führte Hannchen und mich zum Rapport.

Am Fuß der Treppe stand ein SS-Mann mit gespreizten Beinen in langen schwarzen Stiefeln. Während wir die Treppe hinuntergingen, sagte Hannchen leise zu mir: »Der wartet auf uns.« Unwillkürlich drehte ich meine Hände so, dass er die Finger nicht sehen konnte. Ich hatte das Gefühl, sie vor ihm schützen zu müssen. Er stand da und zeigte auf einen Berg Schuhe mit losen Lederstreifen.

»Das ist eure Sauarbeit!«

Die Aufseherin nahm von einem zweiten Berg einen Schuh nach dem anderen und riss mit einem Metallblatt die Streifen ab, eine Kleinigkeit war das, jedes Kind hätte es mühelos nachmachen können. Wir wurden belehrt, wie wir zu arbeiten hätten und welche leichte Aufgabe man uns zugewiesen habe. Das SS-Weib setzte das Metallblatt an und ratschte mit leichter Hand an den Steppfäden unter dem Lederstreifen entlang. Einen Schuh nach dem anderen nahm sie und löste die Streifen. So leicht, so einfach gehe es.

Und wir standen da, Hannchen und ich, ohne Fingernägel und mit noch immer eiternden Kuppen. Uns taten schon beim Zusehen die Finger weh. Dazu die schneidende Stimme des Mannes, der in steifer Haltung vor uns stand. »Wenn ihr nicht arbeiten wollt, dann ab mit euch ins Lager.«

Ich hatte Angst, die Angst der Getretenen vor dem nächsten, härteren Tritt. In diesem Augenblick spürte ich nichts anderes. Alles, was sie von mir verlangten, war ich zu verrichten bereit, alles. Was ist, das kennt man, darauf richtet man sich ein, damit glaubt man fertig werden zu können. Jede Veränderung würde alles viel, viel schlimmer machen.

Sicher war auch, dass ich mich, wenn sich etwas änderte, unweigerlich von meiner Mutter trennen müsste. Sie würde allein zurückbleiben, würde ich sie wiederfinden, später? Lieber alles dulden, hier, bei den dreimal verfluchten Schuhen. Nur nicht weg von diesem Platz bei den Karren, den ich abends verlassen durfte, um nach Hause zu gehen. Solange ich das durfte, wollte ich mich fügen und die schmerzenden Finger ertragen.

Wir durften wieder zu den Karren gehen.

Hannchen liefen Tränen übers Gesicht. Ich hätte sie gern ermutigt, um meine eigene Angst zu überwinden, aber die Aufseherin folgte uns die Treppe zur Halle hinauf. In der Halle gingen wir in entgegengesetzter Richtung auseinander. Während der Arbeit konnte ich Hannchen nicht sehen, doch in der Mittagspause, wenn wir unseren Teller Suppe aßen, waren wir von nun an immer zusammen.

Die Szene am Fuß der Treppe war beobachtet worden. Alles, was geschah, wurde genau beobachtet. Nahe der Treppe arbeiteten polnische Schuhmacher. Ihnen schob ich immer die Karren mit den Schuhen zum Ago-Kleben zu.

Fast alle Schuhmacher in der Halle waren Polen. Einer von ihnen, Jacek, schob die Karren zu mir, wenn ein neuer Schub kam oder wenn die Reparaturen ausgeführt waren: die Karren von den Ago-Klebern nahe der Treppe ebenso wie die Karren mit den gesteppten, besohlten, genagelten oder geklebten Schuhen von anderen Plätzen der Halle. Jacek hatte bis dahin mit mir noch nicht viel gesprochen.

»Ich bin Jacek. Und du?«

»Vera.«

Jacek war vorsichtig. Nicht wegen des Sprechverbots. Mir traute er nicht. Nachdem Hannchen und ich vor dem SS-Mann gestanden hatten, fragte Jacek, während er mir einen Karren hinschob: »Warum bist du hier?«

»Ich bin zwangsverpflichtet.«

Das muss ihm nicht viel gesagt haben. Als er den nächsten Karren brachte, fragte er wieder: »Warum bist du hier?«

»Weil ich Halbjüdin bin.«

»Ich verstehe nicht. Jüdin oder nicht Jüdin? Was ist halbe Jüdin?«

»Meine Mutter ist Jüdin. Mein Vater ist Christ.«

Länger konnte er sich nicht aufhalten, die Aufseherin kam näher. Aber beim nächsten Karren stellte er wieder eine Frage: »Du – Deutsche?«

»Ja.« Und wieder fragte er: »Aber warum hier?«

Wie sollte ich Jacek erklären, warum ich hier war? Ich verstand es ja selbst nicht. Doch Jacek sagte, als er wiederkam: »Ich verstehe.«

Aber nun hatte ich eine Frage: »Vertraust du mir, Jacek?«

»Ja.«

»Wegen vorhin, unten an der Treppe?«

»Nein. Weil ... deine Hände. Und du hast Angst, das andere Mädchen auch.«

Mehr als einen Monat unterhielt ich mich auf diese Weise mit Jacek, dem polnischen Schuhmacher. Wir führten Kurzdialoge in Fortsetzungen.

Wenn Jacek nicht gewesen wäre, hätte ich weiterhin die schwachen Ansätze von Horn an meinen Fingern unter das Leder geschoben. Aber das erste, was er mir am nächsten Morgen sagte, war dies: »Meine Freunde sagen: Alle Schuhe mit Lederstreifen zum Ago-Kleben. Nicht anfassen. Du verstehst?«

»Nichts prüfen? Alles gleich auf den Ago-Karren packen?«

»Richtig. Hände müssen heilen.«

Als Jacek den nächsten Karren brachte, war der Dialog sehr kurz. »Danke, Jacek.« Er nickte nur.

Wenn ich die Karren zu den Polen schob, die die Lederstreifen über die Hackennähte zu kleben hatten, blickten sie nicht auf. Sie sahen mich nicht an und achteten nicht auf mich. Aber sie hatten jene Werkzeuge in der Hand, die wie abgebrochene Messer aussahen, und erledigten damit das, was meine Nägel nicht zu leisten vermochten. Alles, was von meiner Prüfstelle als erledigt wegrollte, war sauber und fest verklebt. Niemand konnte etwas beanstanden.

Jacek erzählte mir, dass er aus einem kleinen Ort bei Koło stamme. Dort lebten seine Frau und seine beiden

Kinder. Am 12. Januar 1945 hatte die Offensive an der Ostfront begonnen. Langsam rückte die Front näher und Jacek interessierte nur eins: »Hast du Radio?«

»Ja.«

»Wo ist die Front?« Ich nannte ihm die Orte, die befreit worden waren. Es waren die Nachrichten der letzten Nacht.

Jeden Morgen gab ich ihm die neuesten Informationen. Anfang Februar muss es gewesen sein, da nannte ich einen Ort, nach dem er mich die Tage vorher schon gefragt hatte. Es war der nächst größere Ort bei seinem Heimatdorf.

»Sie sind frei!« So leise er es auch sagte, es war Siegesjubel. Danach habe ich Jacek nicht mehr gesehen. Ich sagte einer Serbin, die abends manchmal mit zu uns nach Hause kam, dass ich Jacek vermisse, und hörte von ihr, er habe sich auf den Weg gemacht, nach Hause, zu seiner Frau und seinen Kindern. Sein Dorf sei befreit worden. Jemand habe es ihm erzählt.

Viel Glück auf den Weg, Jacek, dachte ich. Und sei wachsam, wenn du die Front passierst.

Als die Schwellung an meinen Fingern langsam wich und feine Ansätze von Nägeln sich zeigten, gingen Gerüchte durch die Halle von Salamander, dass die deutschen Frauen nach Ostpreußen geschickt werden sollten, um Schützengräben auszuheben. Dann hieß es: Nicht nach Ostpreußen, sondern hinter die Oder. Wir waren zwölf Frauen.

Außer Hannchen und mir waren es mit »arischen« Männern verheiratete Jüdinnen. Sie saßen an der Fensterseite in einer Reihe, mit dem Rücken zur Halle und machten Kleinreparaturen.

Mittags in der Kantine, als wir unsere Suppe löffelten, bestellte mir Hannchen: »Die Frauen sagen, wir beide würden als Erste merken, wenn sie uns holen wollten. Wir haben den Halleneingang im Blick und wir sollen ein Zeichen geben, wenn wir was merken.«

»Wozu? Weglaufen kann hier niemand.«

»Trotzdem. Versprich den Frauen, dass du darauf achtest, was passiert. Sie fühlen sich dann ruhiger, sagen sie.«

»Ich werde aufpassen.«

Die Frauen wollten sicher sein, dass nicht plötzlich jemand hinter ihnen stand und sie aufforderte mitzukommen. Dass es sie nicht ganz und gar unvorbereitet träfe, dafür wollte ich schon sorgen.

Das sagte ich den Frauen. Eine antwortete mir: »Gut, dann kann ich das Fenster öffnen und hinausspringen.«

Hannchen bat mich: »Wenn sie uns holen, wir bleiben immer dicht zusammen, ja?« Ich fasste Hannchen um die Schultern. Es tat gut, einen Menschen zu fühlen.

»Wenn wir nicht mehr nach Hause können, das wird schwer, Hannchen. Jetzt bei der Kälte Gräben buddeln. Wir müssen uns was ausdenken.«

»Wir ziehen ab morgen alles doppelt an, Strümpfe, Hemd, Schlüpfer. Und in den Beutel, den wir unten abgeben müssen, packen wir einen Pullover und was wir unbedingt brauchen.«

»Kernseife und was zum Nähen.«

»Hauptsache, wir bleiben zusammen«, schloss Hannchen das Gespräch.

Seit die Front näher rollte, war es hinter dem Regal in meinem Rücken nicht mehr so ruhig. Ich hörte die Franzosen, die dort, gesondert von uns, an den Maschinen standen, pfeifen und singen. Es übertönte kaum den Lärm der Halle, aber ich hörte es doch, jeden Tag – zum ersten Mal im Januar.

Der Februar kam und es ging viel zu langsam vorwärts an der Front. Wir mussten uns weiter schinden und die

Tage wurden noch nicht heller. Die einzige Erholung bot die Mittagspause. Wir bekamen eine warme Suppe mit Kartoffeln oder Nudeln. Die Suppe und die Fahrkarte für die Straßenbahn waren unser Lohn. Jeden Mittag ging ich mit Hannchen und den anderen in einen Raum, der als Kantine hergerichtet war. Immerhin, wir konnten uns auf Bänke setzen und unsere Schüsseln auf Tische stellen. Hier durften wir, die Deutschen, miteinander sprechen. Zu den Männern und Frauen, die mit einem Stoffschild an der Jacke als Ostarbeiter oder Polen gekennzeichnet waren, wurde uns auch hier der Kontakt untersagt.

Vater schrieben wir nichts davon, dass ich jetzt unter SS-Aufsicht zu Salamander musste. Er wunderte sich zwar, dass die Frauen und Töchter der Mitgefangenen zwangsverpflichtet wurden und wir davon verschont blieben, aber er vertraute Mutter und glaubte, was sie ihm schrieb. So ganz falsch war es ja auch nicht, wenn sie ihm mitteilte, sie sei noch immer zu Hause und Vera gehe weiterhin zur Arbeit.

Meine Mutter schien man vergessen zu haben oder ihre Karteikarte aus dauerhaftem Blech war, wie Mutter es behauptete, verschwunden. Je mehr Zeit verstrich, ohne dass man sie zur Arbeit holte, um so überzeugter wurde sie, dass es ihre Karteikarte nicht mehr gäbe.

»Die Beamtin in der Sonnenallee hat mir versichert, dass ich mir keine Sorgen zu machen brauche.« Daran hielt sich Mutter fest.

Alle Frauen und Mädchen waren erfasst worden. So sagte man es jedenfalls, und doch, auch das wurde erzählt, sollte es Ausnahmen geben.

Mutter hätte die Schinderei kaum durchgehalten, ihr Herz war nicht mehr gesund. Es wäre ihr möglicherweise so ergangen wie der Frau in der Fensterreihe, die eines Tages vom Hocker fiel und nach Luft rang. Sie wurde aufgehoben und wieder auf den Hocker gesetzt. Die beiden Frauen zur Rechten und zur Linken hielten sie an den Armen fest, und ich schob einen Karren davor und sorgte dafür, dass Schuhe herausfielen. Umständlich sortierte ich sie wieder ein, so dass die Gruppe der drei Frauen eine Weile außer Sicht geriet. Die herzkranke Jüdin war die ganze Zeit, so gut es ging, geschont worden. Die anderen hatten den größten Teil ihrer Arbeit mitgemacht. Und trotzdem war sie vom Hocker gefallen. Sie hatte Glück, dass die Aufpasserin es nicht merkte. Arbeitsunfähige wurden ausgesondert. Bei Salamander wurden flinke Hände gebraucht. Es waren getragene Schuhe herzurichten, und zwar in großen Mengen und zügig.

Getragene Schuhe liefen durch meine Hände, Halbschuhe von Männern und Frauen, in allen Größen, die unterschiedlichsten Fabrikate. Keine Stiefel. Keine Kinderschuhe.

Wem gehörten diese Schuhe eigentlich?

Es musste in Berlin viele ziemlich naive Menschen geben, die ihre Schuhe – zu der Zeit eine unersetzbare Habe – einer Reparaturannahmestelle übergaben und damit rechneten, sie repariert zurückzuerhalten. Bedachten sie nicht, dass ihre Schuhe von der Annahmestelle zur Fabrik in der Köpenicker Straße gebracht und von dort wieder zurücktransportiert werden mussten? Dass dazwischen Tage und Wege lagen? Jetzt, wo es dauernd Bombenangriffe gab. Wenn schon besohlt oder geflickt werden musste, sollte man das nicht von einem der vielen kleinen Schuster in den Kellerläden nebenan machen lassen, bei denen man notfalls gleich warten konnte?

Wo waren eigentlich die Annahmestellen von Salamander? Nach der Menge der Schuhe zu urteilen, die allein in der einen Halle bearbeitet wurden, müssten es sehr viele Läden gewesen sein oder sehr große mit ständigem Betrieb von Schuhbringern und Schuhabholern. Ich kannte keinen einzigen und niemanden, der in einem solchen Kunde war.

Die Leute, die ihre Halbschuhe zur Reparatur gaben, schienen auch keine besonderen Wünsche gehabt zu haben. Wenn ich zum Schuster gehe, damals wie heute, bestelle ich mir neue Sohlen oder Absätze oder ich lasse eine ausgerissene Naht steppen, ein loses Stück Leder kleben. Oder ich sage: »Können Sie mir das hier wieder in Ordnung bringen?« Nie habe ich erlebt, dass jemand sagte: »Hier sind ein paar Schuhe, sehen Sie mal nach, was daran gemacht werden muss.« Die Kunden von Salamander müssen aber durchweg solche Kunden gewesen sein.

Und die Leute, die sie bedienten, gingen recht sorglos mit den abgegebenen Schuhen um. Sie markierten keinen Schuh, keiner war mit einer Nummer, mit einem Schildchen oder Stempel versehen, wo doch die Schuhe durch die ganze Stadt gefahren und wieder zurückgebracht werden mussten, denn die Besitzer würden sie doch wiederhaben wollen.

Und keiner der Schuster und keine der Frauen bei Salamander merkten an, welche Arbeit ausgeführt worden war und den Kunden berechnet werden müsste, damit alles seine Richtigkeit hätte und bezahlt werden könnte. Wirklich sonderbare Kunden müssen das gewesen sein, denen Salamander seine Dienste bot: wunschlose Kunden, sorglose Kunden, unbeeindruckt von dem leichtfertigen Umgang mit ihrem Eigentum.

Wo gab es diese Kunden?

Woher kamen die Schuhe, und wohin gingen sie?

*

Wer denkt denn an Schuhe, wenn es um Kapital und Macht geht, um die profitable Beziehung zu einem Regime, das Krieg vorbereitete und, als die Zeit heran war, »zurückschoss«. Jenseits der deutschen Grenze war viel zu holen, das ließen sich die Konzerne nicht entgehen. An Konzerne denkt man, die jene Zeit, die zwölf Jahre Nazi-Herrschaft, nutzten. Bei dem Gedanken an das große Kapital und die Verbindung zu der neuen Macht fallen einem Namen wie Siemens, Krupp und IG Farben ein.

Aber Schuhe? Was haben Schuhe damit zu tun?

Es ist nicht abwegig, dass an Schuhe gedacht wird, wenn es um Konzerne in den Nazi-Jahren geht. An Schuhe und an den Namen Salamander denken die durch »Arisierung« Beraubten, die nie entschädigten Zwangsarbeiter aus Polen und Serbien, die wenigen Überlebenden KZ-Häftlinge der »Schuhprüfstrecke«, die nicht verhungerten sowjetischen Kriegsgefangenen, die zwangsweise nach Deutschland geschafften Franzosen und die deutschen Jüdinnen, meine Gefährtinnen im Reparaturbetrieb von Salamander in der Köpenicker Straße 6a–7 in Berlins Mitte. Wer von ihnen noch lebt, wird sich erinnern.

Sie werden sich an ihre eigene Lage erinnern. Auch an die unter Zwang Arbeitenden um sie herum. An die sichtbaren Gegebenheiten. Die Hintergründe werden manchen von ihnen unbekannt sein. Vielleicht haben sie auch nie gefragt, warum das geschah, was geschah. Heute ist es möglich, die Archive zu sichten, Dokumente zu finden. Das Geschehen lässt sich nachweisen. Und Zeugen können bestätigen, was die Dokumente belegen. Es ist aufschlussreich, was man erfahren kann, und nicht unbedeutend für die Gegenwart. Wenn man an Schuhe denkt.

Die wichtigsten Forschungen zu diesem Thema haben Petra Bräutigam: »Mittelständische Unternehmen im Nationalsozialismus. Wirtschaftliche Entwicklungen und soziale Verhaltensweisen in der Schuh- und Lederindustrie Badens und Württembergs«, München 1997 (PeBr), und Anne Sudrow: »Der Schuh im Nationalsozialismus«, Göttingen 2010 (AnSu), vorgelegt. Sie haben die ökonomische Entwicklung der Schuh- und Lederbranche untersucht und sind dabei natürlich auch auf die Salamander AG Kornwestheim eingegangen, denn sie gehörte zu den führenden Unternehmen dieser Branche. Ich beziehe mich im Hinblick auf Fakten und Zusammenhänge vor allem auf die Ergebnisse und Wertungen dieser beiden Studien.

Salamander hat einst den jungen Juristen Hanspeter Sturm beauftragt, die Geschichte der Firma zu schreiben. Er erfüllte diese Aufgabe und veröffentlichte 1958 das Buch »Die Geschichte der Salamander AG« (GSal). In den 90er Jahren hat er das Thema aufgegriffen und zwei Artikel geschrieben, »Geschichte der Kornwestheimer Juden im Dritten Reich. Oder: sie hatten schützende Hände«, 1998 (schH), und »Eine kleine Stadt im Dritten Reich, im Zweiten Weltkrieg«, 1999 (klSt). Sturm war ein Mann von Salamander und erklärte, diese Firma habe in der Nazi-Zeit keine Schuld auf sich geladen, sondern sei von human handelnden Männern geleitet worden.

Angaben und Wertungen des Hanspeter Sturm, der sich als Historiker betrachtet, vergleiche ich mit vorhandenen Forschungsergebnissen. Darüber hinaus kann ich durch Dokumente, die ich zusammengetragen habe, einige Fakten zur Salamander-Geschichte hinzufügen.

Ich stelle mit diesem Buch keine eigene Forschung vor, sondern kommentiere lediglich, was gedruckt oder als Dokument vorliegt. Den Blick richte ich auf die Jahre 1933 bis 1945, ein wenig auf die Zeiten davor und danach.

Nicht jedem, der etwas mit Salamander zu tun hat oder hatte, wird gefallen, was ich über die Geschichte dieser Firma in der Nazi-Zeit schreibe. Hanspeter Sturm hat versucht, Tatsachen, die das makellose Firmenbild beschädigen, abzuwehren, er hat sie umgedeutet oder geleugnet. Ich beschreibe es, weil Salamander ein Beispiel für diesen Umgang mit einer Firmengeschichte ist. So gut wie alle Unternehmen, die etwas zu verbergen haben, verhalten sich wie Salamander und ihr Historiker Hanspeter Sturm. Ausnahmen sind selten.

Man muss in Kornwestheim gewesen sein, dann weiß man, dass diese Stadt und Salamander ein und dasselbe sind. Nichts geschah dort ohne Einfluss des einst mächtigen Unternehmens, dessen Macht noch immer spürbar ist. Kritik an Salamander zu üben oder gar über Schuld und Verantwortung aufzuklären wird in Kornwestheim mit Missfallen aufgenommen. Anne Sudrow durfte im März 2011 nicht in Kornwestheim sprechen, sie war Gast einer Nachbarstadt. Schon während ihrer Recherchen zu den Tests von Lederersatzstoffen mit Häftlingen im KZ Sachsenhausen gab man ihr zu verstehen, dass das, was sie vorhabe, rufschädigend sei. Dokumentarisches Material, das in Privatbesitz ist, bekam sie nicht zu sehen.

Was ging dem Jahr 1933 voraus?

In Kornwestheim gründet Jakob Sigle 1885 nach seiner Lehre als Schuhmacher eine Einmannwerkstatt. Er hat nicht vor, ein kleiner Handwerker für seine Umgebung zu werden, denn er richtet sich in einer, wie es aussieht, viel zu großen Werkstatt ein. Aber er versteht etwas von Schuhen und erwirbt sich sofort einen guten Namen. Bald kann er Lehrlinge und Gesellen einstellen. Es ist die Zeit der Industrialisierung, der Abkehr von Handarbeit. Jakob Sigle schaut zu den USA hinüber und beschafft sich die dort entwickelten Maschinen. Er erfindet selbst eine Stanze für Schuhsohlen, mit der serienmäßig Sohlen verschiedener normierter Größe aus dem Leder geschnitten werden können. Was mit Maschinen hergestellt wird, kann gelagert werden, eine entscheidende Umstellung. Aus der Werkstatt mit individueller Fertigung ist eine kleine Fabrik des Jakob Sigle geworden.

Der Mann war gescheit. Er dachte in die Zukunft. 1890 beschäftigte er schon 25 Leute. In diesem Jahr stieg der Kaufmann Max Levi, ein junger Mann wie Jakob Sigle, als Teilhaber ein. Max Levi war als Lederverkäufer durch die Orte gereist und besaß gute Kontakte und Kapital. Sie gründeten 1891 die Firma J. Sigle & Cie. Kornwestheim. Mitbeteiligt waren Max Levis kapitalkräftiger Schwager

Isidor Rothschild und Jakob Sigles Bruder Ernst Sigle. 1896 fuhr Ernst Sigle in die USA, um sich dort umzusehen. Als er zurückkam, brachte er Kenntnisse der technischen Möglichkeiten mit. Die Firma konnte auf den neuesten technischen Stand gebracht werden und in ein größeres Gebäude am Rand von Kornwestheim umziehen.

Neue Teilhaber traten in die Firma ein, Mitglieder der Familien Sigle und Levi. Es waren Fachleute der Schuh- und Lederbranche. Damit verbunden war die Festlegung der Zuständigkeit: Jacob Sigle für die Fabrikation und den Ledereinkauf, Max Levi für den Verkauf, Isidor Rothschild für die kaufmännische Leitung, Ernst Sigle für die technische Leitung. Das war zu Beginn des neuen Jahrhunderts. Es hatten sich intelligente, mit unterschiedlichen Fähigkeiten ausgestattete Menschen zusammengetan. Man kann sagen, zur richtigen Zeit, um etwas Großes zu entwickeln.

Das Unternehmen konnte zur Massenproduktion übergehen, hielt aber an dem Prinzip fest, dass die Qualität auf dem höchsten Stand gehalten werden muss. Wenn viel produziert wird, muss viel verkauft werden. Max Levi entwickelte Ideen für den Absatz der Schuhmengen. Zwei zukunftswirksame Ideen setzte er um. In den großen Städten wurden firmeneigene Geschäfte eingerichtet und in anderen Städten setzte er Alleinverkäufer ein, das waren Einzelhändler, die nur Salamander-Schuhe anbieten durften. Für alle Schuhe wurde ein einheitlicher Preis festgelegt, bestimmt für drei Kategorien: 12,50, 14,50 und 16,50 Mark für Schuhe, die allgemein etwa 20 Mark kosteten. Qualität und Preise blieben sehr lange stabil. Das wirkte sich günstig auf dem Markt aus.

Bereits 1907 wurden täglich 220 Paar Schuhe produziert von mehr als 1000 Beschäftigten. Es ging mit der Firma rasant bergauf. 1913 war die Jahresproduktion auf 2,1 Million Paar und die Zahl der Arbeiter und Angestellten auf über 3000 gestiegen. Dementsprechend hatte sich das Kapital vergrößert.

Im Laufe der Jahre entstanden als Salamander-Firmen mehrere Unternehmen. 1930 wurde alles, was zu Salamander gehörte, zu einer Aktiengesellschaft zusammengefasst: die Kornwestheimer Schuhfabrik J. Sigle & Cie., die Salamander-Schuhvertriebsgesellschaft in Berlin und die Schuhfabrik in Türkheim. [Abb. 1 →26] Der nun entstandene Konzern verzeichnete ein Grundkapital von 32 Millionen Reichsmark, die 1924 eingeführte Währung. Der Aktienanteil der Familie Sigle betrug 10 059 000 RM, der Aktienanteil der Familie Levi/Rothschild betrug 14 222 000 RM. Über die restlichen Aktien verfügten Dr. med. Emil Gürrbach, Ernst Rosenstein, Willi Rosenstein, Thilde Weil und Joseph Frisch. Die Aktienverteilung spielte drei Jahre später eine wesentliche Rolle für die Firmengeschichte. [Abb. 1 →26, 2 →27]

Vorstandsmitglieder wurden Dr. Alex Haffner, Dr. Hermann Weil, Wilhelm Floruss, Georg Gundelsweiler, Theodor Hirsch, Jakob Sigle jr. Für den Aufsichtsrat wurden gewählt: Jakob, Ernst und Christof Sigle sowie Sem, Arthur und Siegfried Levi und drei weitere Personen.

Zu allen Änderungen im Handelsregister wurden Sem Levi und der Prokurist Friedrich Schwarz in Berlin ermächtigt.

Auch die Aufzählung dieser Namen ist wegen späterer Vorgänge wichtig.

Die Salamander-Geschichte von 1885 bis 1930 weist große Erfolge auf. Die unglaublich schnelle Entwicklung der Anfangszeit war sicher nur in den Gründerjahren möglich, in denen Großstädte und Industriezentren entstanden. Der Erste Weltkrieg und die Wirtschaftskrise haben Salamander kaum belastet. Das gelang der Firma vor allem durch stärkere Mechanisierung der Fertigungs-

Dritte Ausfertigung

Zur Urschrift ist ein Landesstempel von RM 6.-- verwendet.

Berlin, den 24. Juli 1930

Notar
im Bezirke des Preußischen Kammergerichts.

NOTAR I. BEZ. DES PREUSS. KAMMERGERICHTS Dr. MAX LION

Notariats-Register No 63 Jahr 1930.

Verhandelt

Berlin, am 4ten Juli 1930.

Vor dem unterzeichneten
Notar im Bezirke des Kammergerichts zu Berlin
Dr. Max Lion
Berlin W57, Bülowstrasse 90

erschienen heute, von Person bekannt:

1.) a) Direktor Dr. Hermann Weil, Stuttgart, Herdweg 58,

b) Direktor Georg Gundelsweiler, Ludwigsburg, Stuttgarterstrasse 69,

zu a) und b) mit der Erklärung, dass sie alle nachfolgenden Erklärungen als gemeinschaftlich vertretungsberechtigte Vorstandsmitglieder der J.Sigle & Cie.Schuhfabriken Aktien-

Abb. 1
Gründungsdokument
der Aktiengesellschaft 1930

Insgesamt übernehmen danach im Endergebnis die nachfolgenden Personen die dabei verzeichneten Aktionbeträge, wobei ausdrücklich erklärt wird, dass sowohl diese Personen wie die Salamander Aktiengesellschaft, wie auch die J. Sigle & Cie Schuhfabriken Aktiengesellschaft, die Salamander Schuhgesellschaft mit beschränkter Haftung und die A. Lehne GMBH. mit dieser Verteilung in allen Punkten einverstanden sind:

1.)Geheimer Kommerzienrat Jakob Sigle	5.982.000 RM
2.)Dr.med.Emil Gürrbach	1.085.000 "
3.)Dr.med.Theodor Herrmann	228.000 "
4.)Frida Silbereisen	857.000 "
5.)Ernst Sigle	2.299.000 "
6.)Christof Sigle	407.000 "
Uebertrag	10.858.000 RM

Uebertrag	10.858.000 RM.
7.) Lothar Sigle	457.000 "
8.) Jakob Sigle jr.	457.000 "
9.) Anna Sigle	457.000 "
10) Sem Levi	2.697.000 "
11) Bertha Rothschild	7.303.000 "
12) Arthur Levi	2.000 000 "
13) Siegfried Levi	1.333.000 "
14) Ernst Rosenstein	667.000 "
15) Willi Rosenstein	222.000 "
16) Johanna Rothschild	889.000 "
17) Thilde Weil	889.000 "
18) Joseph Frisch	3.771.000 "
	32.000.000 Rm.

Abb. 2
Seite 6 und 7
des Gründungsdokumentes

prozesse, so dass die teuren Facharbeiter durch angelernte Kräfte ersetzt werden konnten, auch durch Frauen, die weniger verdienten als die Männer. Auch das vielfältige Produktionsprogramm sowie das Verkaufssystem mit Filialen und Alleinverkäufern führten zu den wirtschaftlichen Erfolgen. Salamander war von Anfang an eine ausschließlich gute Ware liefernde Firma, anerkannt im In- und Ausland.

Schwerpunkt der dokumentierten historischen Beschreibungen ist die Ökonomie, in denen allerdings über die soziale Situation bei Salamander wenig mitgeteilt wird. Man möchte aber gern wissen, wie Salamander mit den Facharbeitern, die entlassen wurden, umging und ob den Frauen ein besonderer Schutz geboten wurde.

In zahlreichen Gesprächen habe ich erfahren, dass Salamander bis heute einen guten Ruf hat. Wer auf sich hält, würde die Schuhe dieser Firma tragen. Erfahren diese Menschen aber, welche Rolle Salamander in der Nazi-Zeit spielte, ändern sie ihre Meinung. Nach einer Lesung im Lübecker Buddenbrook-Haus, wo ich über die Zwangsarbeit im Reparaturbetrieb von Salamander gesprochen hatte, nahm mich ein junger Mann beiseite, zog einen Schuh aus und zeigte auf die Marke: Salamander. Und er sagte mir: »Ich kaufe nie wieder Schuhe mit diesem Namen.«

Salamander im Jahr 1933

Bei der Gründung der Salamander AG 1930 wurde Alex Haffner als Generaldirektor eingesetzt. Er war bereits seit sechs Jahren Vorsitzender des Vorstands und blieb es bis 1955, das heißt während der zwölf Jahre des NS-Regimes und ein Jahrzehnt darüber hinaus. Er muss als Hauptverantwortlicher für alle Aktivitäten der Firma in der Zeit, auf die hier der Blick gerichtet ist, angesehen werden. Die Direktoren handelten weitgehend eigenverantwortlich, jedoch konnten wichtige Entscheidungen wie der Einsatz von Zwangsarbeitern oder die Tests in Sachsenhausen nur in der obersten Etage getroffen werden, am Schreibtisch des Generaldirektors, abgestimmt mit dem Aufsichtsrat. Das wird indirekt in der Jubiläumsschrift »1200 Jahre Kornwestheim« bestätigt. Dort heißt es: »Der Aufbau eines Konzernunternehmens wurde entscheidend geprägt von Dr. Alex Haffner.« (KWH S. 22)

Alex Haffner erkannte die Zeichen seiner Zeit. Die Warnung »Wer Hitler wählt, wählt den Krieg« war für ihn eher ein Hinweis auf eine profitable Chance. Er verstand, was Hitler anstrebte. Ein großes Reich sollte das dritte werden und tausend Jahre versprach Hitler den Seinen und allen, die auf ihn hörten. Das hieß über die deutschen Grenzen hinausgehen. Dazu musste das Land aufgerüstet werden, nicht nur mit Panzern und Flugzeugen, nicht nur durch Straßen für schnell rollende Bewegung, für Militärtransporte und Nachschub. Viel mehr wurde gebraucht. Die neue Macht hatte bereits viele Männer in Uniformen gesteckt. Zu den braunen würden schwarze und grüngraue hinzukommen. Und wer eine Uniform trägt, braucht auch Stiefel und Schuhe. Neue Ämter würden entstehen, um die Großmachtpläne durchzusetzen, Dienststellen mit Beamten, die sich durch einen Markenschuh von »unteren« Schichten zu unterscheiden wünschten. Eine große Bautätigkeit würde beginnen, und wer auf Baustellen beschäftigt ist, muss festes Schuhzeug an den Füßen tragen, ein passendes Angebot wäre zu bedenken. Die Leute würden, wenn es, wie versprochen, Arbeit und Lohn gibt, Geld nach Hause bringen und vielleicht auch Schuhe im Geschäft mit der grünen Salamander-Schrift kaufen. Massenbedarf sah Haffner voraus, und auf Massenproduktion war der Konzern eingestellt.

Haffner handelte sehr überlegt. Er wandte sich an die Spitze der neuen Macht. Gute Geschäfte werden ganz oben gemacht. Zu Hitlers Geburtstag 1933, dem ersten Geburtstag als Reichskanzler, spendete Haffner im Namen der Firma 10 000 Reichsmark. Das war damals sehr viel Geld. Und er wurde bei Hitler zum Tee eingeladen. (PeBr S. 257) Seine Rechnung schien aufzugehen.

Aber die Firma, die der Generaldirektor vertrat, hatte einen unübersehbaren Makel: Sie war stark jüdisch belastet. Sie wurde als jüdische Firma angesehen und in den ersten Monaten der Nazi-Herrschaft boykottiert. Die Hälfte des Grundkapitals lag in jüdischen Händen und demzufolge klangen viele Namen von Vorstandsmitgliedern und Aufsichtsräten verdächtig jüdisch. Es gab nur einen einzigen Ausweg: Man musste die Juden loswerden und das Kapital umsortieren. Schnell musste es geschehen, wenn man in der ersten Riege mitspielen wollte. Es ist nicht überliefert, wie es im Einzelnen abgewickelt wurde, ob bedauernd nach jahrzehntelanger gemeinsamer Arbeit oder nüchtern, ohne Skrupel, dem neuen Denken gemäß. Dokumentiert sind die Ergebnisse.

Der Firmenhistoriker Hanspeter Sturm gibt in seinem Artikel »Eine kleine Stadt« darüber Auskunft in einer bei ihm typischen Art: »Eine rasch durchgeführte Veränderung des Mehrheitsverhältnisses *(der Aktienanteile – V. F.)* führte dazu, dass die NSDAP das Unternehmen als überwiegend arisch ansah und praktisch von der Boykottliste strich. Für eine Million R-Mark hatte dabei der christliche Gründer einen Teil des Kapitals der jüdischen Seite schlagartig übernommen.«

Die Aktien gingen an die Sigle-Familie. Es vollzog sich »schlagartig«. Haben die jüdischen Aktionäre ihr Vermögen so eilig und billig weggegeben, weil sie den Boykott abwenden wollten? Dann müssten sie großzügig gesagt haben: »Hier, nehmt die Aktien, dann seid ihr aus dem Schneider. Wir begnügen uns mit dem, was ihr zu geben bereit seid.«

Ich glaube nicht, dass sich jemand, der über ein Vermögen verfügt, so verhält. Die Juden mussten an ihre weitere Existenz denken, an einen neuen Anfang irgendwo, nur nicht in Nazi-Deutschland. Zumindest gedrängt wurden die jüdischen Aktionäre, mehr oder weniger heftig, eine in jenem Jahr noch schwache Form des Zwangs.

Die jüdischen Aktionäre verloren bereits 1933 den größten Teil ihres Vermögens und mussten das Unternehmen verlassen.

An der Generalversammlung der Aktionäre am 17. Juni 1932 nahmen die Brüder Arthur und Siegfried Levi und Dr. Abraham teil. [Abb. 3 →32] Max Levi und Isidor Rothschild lebten nicht mehr. In der darauf folgenden

1 zu Verwahrungsbuch 10 von 1932
Bezirksnotars Füssenhäuser in Kornwestheim.

Salamander A.G. Kornwestheim.

—

Verzeichnis der Aktionäre,

die an der Generalversammlung vom 17.Juni 1932 teilnehmen.

Herr Geheimer Kommerzienrat Jakob Sigle in Kornwestheim			Stimmenzahl:
RM 10 976 000.--	10 976/1000er	Nr.1-8152,12230-13485, 14323-15840, 15951-16000	10 976
Herr Ernst Sigle in Kornwestheim			
RM 3 246 000.--	3 246/1000er	Nr.8153-10451, 13486-14322, 15 841-15950	3 246
. Herr Jakob Sigle jg. in Kornwestheim			
RM 1 778 000.--	1 778/1000er	Nr.10452-12229	1 778
. Herr Artur Levi in Stuttgart			
RM 7 317 000.--	7 317/1000er	Nr.16683-23999	7 317
5. Herr Siegfried Levi auf Schloß Stettenfels			
RM 8 001 000.--	8 001/1000er	Nr.24000-32000	8 001
6. Herr Dr.Abraham in Berlin			
RM 682 000.--	682/1000er	Nr.16001-16682	682

Kornwestheim, den 17.Juni 1932

Der Vorsitzende des Aufsichtsrats:

gez. J. Sigle.

Abb. 3
Verzeichnis der Aktionäre, die an der Generalversammlung 1932 teilnahmen

Anl.1 zu Verw.Verz.12 von 1933 des Bezirksnotars Füssenhäuser hier.

Salamander A.G. Kornwestheim.

Verzeichnis der Aktionäre,
die an der Generalversammlung vom 21.Juni 1933 teilnehmen.

			Stimmenzahl:
1. Herr Geheimer Kommerzienrat Jakob Sigle hier			
M 14 422 000.--	14 422/1000er	Nr.1-10451, 12230-14744 15545-16000, 23000-23999	14 422
2. Herr Jakob Sigle jr. hier			
M 1 778 000.--	1 778/1000er	Nr.10452-12229	1 778
3. Herr Artur Levi in Stuttgart			
M 3 000 000.--	3 000/1000er	Nr.20000-22999	3 000
			19 200

Kornwestheim, den 21.Juni 1933
Der Vorsitzende des Aufsichtsrats:
gez. J.Sigle.

Abb. 4
Verzeichnis der Aktionäre, die an der Generalversammlung 1933 teilnahmen

Generalversammlung am 21. Juni 1933 ist nur noch Arthur Levi verzeichnet. [Abb. 4 →33] An der Generalversammlung im Mai 1934 nahmen nur Jakob Sigle, Ernst Sigle und Jakob Sigle jr. teil, alle jüdischen Aktionäre waren getilgt. [Abb. 5 →36] Im Bericht des Aufsichtsrates, unterzeichnet von Jakob Sigle, wird mitgeteilt: »Die Herren Fabrikant Siegfried Levi und Rechtsanwalt Dr. Hans Fritz Abraham haben ihr Amt im Aufsichtsrat niedergelegt. Wir bedauern ihr Ausscheiden und danken ihnen herzlich für ihre verdienstvolle Mitarbeit.« [Abb. 6 →37] Sie haben zum Gedeihen der Firma viel beigetragen, da verlangte der Anstand anerkennende Worte.

In demselben Bericht wird auch mitgeteilt, dass der Wirtschaftsprüfer Paul Nathan die völlig in Ordnung befundene Bilanz für 1932 vorgelegt, aber sein Amt ebenfalls niedergelegt habe. Notariell ist das Ausscheiden dieser drei Personen am 8. August 1933 belegt.

Arthur Levi hat an der Generalversammlung 1933 teilgenommen, sein Name kommt aber in der Versammlung des folgenden Jahres, am 4. Mai 1934, auch nicht mehr vor. [Abb. 5 →36]

Es mussten noch mehr Personen die Firma verlassen. Salamander schrieb am 2. November 1933 an das Amtsgericht Berlin-Charlottenburg diesen Brief: »Die unterzeichneten Vorstandsmitglieder der Salamander Aktiengesellschaft melden hierdurch zur Eintragung ins Handelsregister an, dass

1. Herr Dr. Hermann Weil, Direktor in Stuttgart,

2. Herr Theodor C. Hirsch, Direktor daselbst,

je ihr Amt als Vorstandsmitglied niedergelegt haben und dass

3. die Prokura der Herren Preßburger, Friedländer u. Atlas erloschen ist.

4. Gleichzeitig wird zur Eintragung angemeldet

a) dass dem Herrn Lothar Sigle, Direktor in Kornwestheim, Prokura erteilt wurde.« [Abb. 7 →38]

Der Urkundenbeamte des Handelsregisters bestätigte, dass Sally Preßburger nicht mehr Prokurist ist und dass an seiner Stelle Lothar Sigle Prokura erteilt wurde. Er bestätigt ferner, dass Dr. Hermann Weil und Theodor Hirsch nicht mehr Vorstandsmitglieder sind. [Abb. 8 →39]

Der Bericht des Aufsichtsrats von 1934 listet die von jüdischen Mitgliedern befreite Leitungsebene auf. Der Aufsichtsrat besteht nun aus Ernst Sigle, Theodor Herrmann, Ernst Ammer, Dr. Wilhelm Henne und Friedrich Reinhart. Zum Vorstand gehören Dr. Alex Haffner, Wilhelm Floruss, Georg Gundelsweiler, Friedrich Schwarz und Jakob Sigle. In dieser Reihenfolge sind die Personen aufgeführt.

Friedrich Schwarz, Fabrikdirektor in Berlin, später auch Chef des Reparaturbetriebs, ist bei dieser Gelegenheit vom Prokuristen zum Vorstandsmitglied aufgestiegen. [Abb. 9 →40]

Die Namen der Vorstandsmitglieder Dr. Hermann Weil und Theodor Hirsch und die der Prokuristen Sally Preßburger, Rudolf Friedländer und Atlas waren eliminiert.

1934 gab es bei Salamander keinen jüdischen Aktionär mehr, es befand sich kein Jude mehr im Aufsichtsrat und in der Unternehmensleitung. Alle jüdischen Prokuristen und sonstigen leitenden Mitarbeiter waren ausgeschieden. Die letzten, üblicherweise verzögerten Eintragungen »Prokura erloschen« stehen 1936 im Handelsregister. Salamanders Firmenleitung war »judenrein«.

Einer der neuen Chefs ist Angelo Hammelbacher, er wurde Direktor der Schuhfabrik Kornwestheim. [Abb. 10 →41]

Das in Berlin tätige Vorstandsmitglied Friedrich Schwarz hielt den Kontakt zu führenden Personen der NS-Organisationen und der staatlichen Ämter. Ihm teilte man mit, dass das Unternehmen nun als »arisch« anerkannt sei.

Anl.1 zu Verwahrungsverzeichnis 12 von 1934 des Bezirksnotars Füssenh
aus Kornwestheim.

Salamander A.G., Kornwestheim.

Verzeichnis der Aktionäre,

die an der Generalversammlung vom 4.Mai 1934 teilnehmen.

				Stimmen
1. Herr Geheimer Kommerzienrat Jakob Sigle hier				
Mk.	14 376 000.--	14 376/1000er	Nr.1-8152,12230-13485, 14323-14744,15545-15840, 15951-16000,18964-22163, 23000-23999;	14 376
2. Herr Dr.Ernst Sigle hier				
Mk.	3 246 000.--	3 246/1000er	Nr.8153-10451,13486-14322,15841-15950	3 246
3. Herr Jakob Sigle jr. hier				
Mk.	1 778 000.--	1 778/1000er	Nr.10452-12229	1 778
				19 400

Kornwestheim, den 4.Mai 1934

Der Vorsitzende des Aufsichtsrats:

gez. J.Sigle.

Abb. 5
Verzeichnis der Aktionäre, die an der Generalversammlung 1934 teilnahmen

Bericht des Aufsichtsrats.

Dem Bericht des Vorstands schließen wir uns in allen Teilen an.

Am 5. Juli 1932 verschied das Mitglied unseres Aufsichtsrats, Herr Oberfinanzrat a. D. Adolf Klett. Der Verstorbene, der seit Bestehen unserer Gesellschaft dem Aufsichtsrat angehörte, hat ihr durch seine reiche Erfahrung und seinen klugen Rat sehr wertvolle Dienste geleistet. Persönlich war er uns mit seiner großen Herzensgüte und seinem stets hilfsbereiten Wesen ein lieber Freund, den wir nie vergessen werden.

Die Herren Fabrikant Siegfried Levi und Rechtsanwalt Dr. Hans Fritz Abraham haben ihr Amt im Aufsichtsrat niedergelegt. Wir bedauern ihr Ausscheiden und danken ihnen herzlich für ihre verdienstvolle Mitarbeit.

Die Bilanz wurde durch den Wirtschaftsprüfer Herrn Paul Nathan in Ulm geprüft und in jeder Beziehung in Ordnung befunden. Der Generalversammlung schlagen wir vor, anstelle von Herrn Nathan, der sein Amt zur Verfügung gestellt hat, den öffentlich bestellten Wirtschaftsprüfer Herrn Karl Grözinger in Stuttgart-Cannstatt zum Bilanzprüfer für 1933 zu wählen.

Der Aufsichtsrat:

Geheimer Kommerzienrat J. Sigle,
Vorsitzender.

Abb. 6
Bericht des Aufsichtsrates, 1933: Ausgeschieden sind Dr. Abraham, Siegfried Levi und Paul Nathan

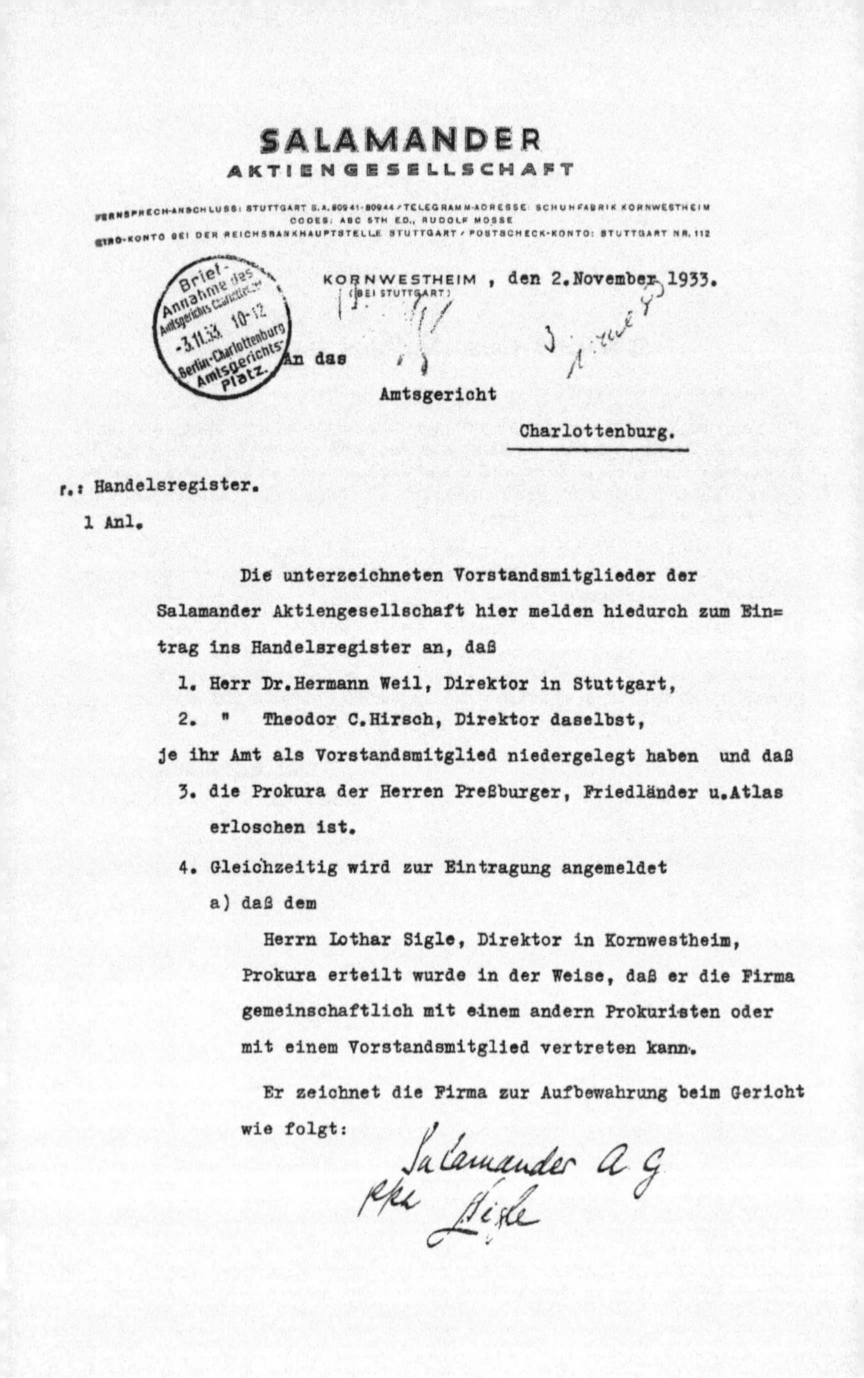

SALAMANDER
AKTIENGESELLSCHAFT

FERNSPRECH-ANSCHLUSS: STUTTGART S.A. 80941-80944 / TELEGRAMM-ADRESSE: SCHUHFABRIK KORNWESTHEIM
CODES: ABC 5TH ED., RUDOLF MOSSE
GIRO-KONTO BEI DER REICHSBANKHAUPTSTELLE STUTTGART / POSTSCHECK-KONTO: STUTTGART NR. 112

Brief-Annahme des Amtsgerichts Charlottenburg
-3.11.33. 10-12
Berlin-Charlottenburg Amtsgerichts-Platz.

KORNWESTHEIM (BEI STUTTGART), den 2.November 1933.

An das

Amtsgericht

Charlottenburg.

r.: Handelsregister.

1 Anl.

Die unterzeichneten Vorstandsmitglieder der Salamander Aktiengesellschaft hier melden hiedurch zum Ein= trag ins Handelsregister an, daß

1. Herr Dr.Hermann Weil, Direktor in Stuttgart,
2. " Theodor C.Hirsch, Direktor daselbst,

je ihr Amt als Vorstandsmitglied niedergelegt haben und daß

3. die Prokura der Herren Preßburger, Friedländer u.Atlas erloschen ist.
4. Gleichzeitig wird zur Eintragung angemeldet
   a) daß dem

   Herrn Lothar Sigle, Direktor in Kornwestheim,

   Prokura erteilt wurde in der Weise, daß er die Firma gemeinschaftlich mit einem andern Prokuristen oder mit einem Vorstandsmitglied vertreten kann.

   Er zeichnet die Firma zur Aufbewahrung beim Gericht wie folgt:

Salamander A.G.
ppa Sigle

Abb. 7
Brief von Salamander vom 2. November 1933: Meldung der Änderungen zum Eintrag ins Handelsregister

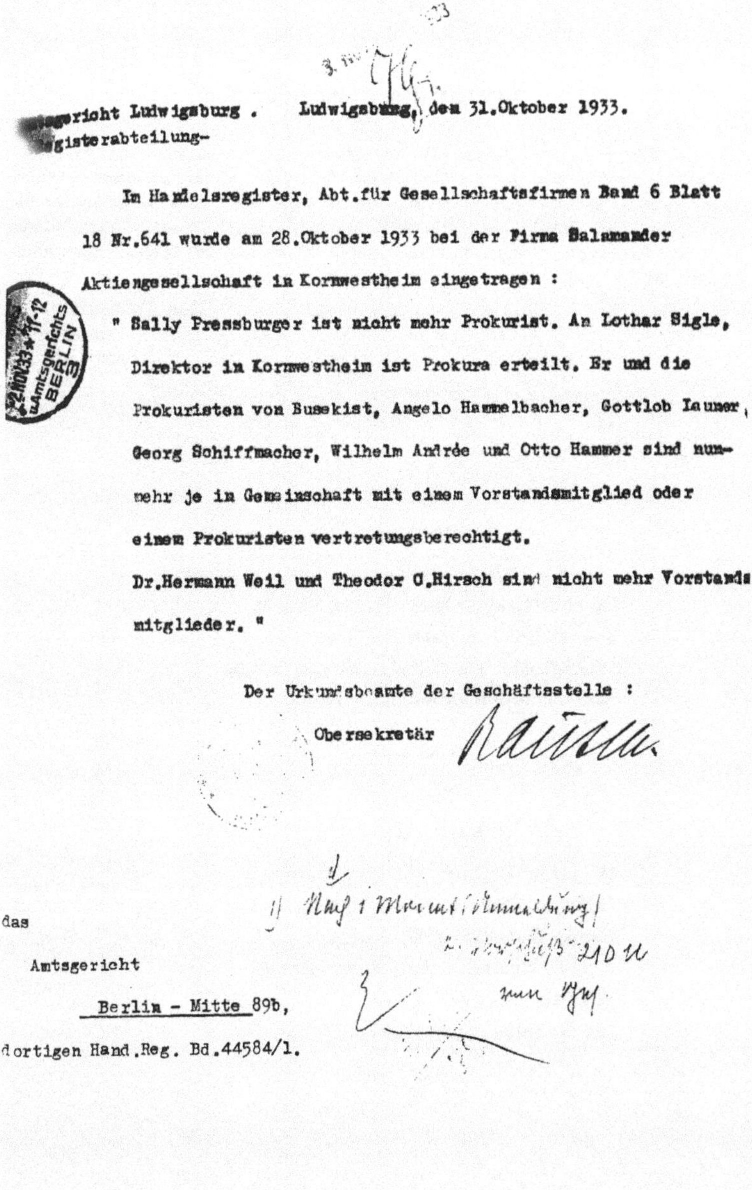

gericht Ludwigsburg. Ludwigsburg, den 31.Oktober 1933.
gisterabteilung-

Im Handelsregister, Abt.für Gesellschaftsfirmen Band 6 Blatt 18 Nr.641 wurde am 28.Oktober 1933 bei der Firma Salamander Aktiengesellschaft in Kornwestheim eingetragen :

" Sally Pressburger ist nicht mehr Prokurist. An Lothar Sigle, Direktor in Kornwestheim ist Prokura erteilt. Er und die Prokuristen von Busekist, Angelo Hammelbacher, Gottlob Launer, Georg Schiffmacher, Wilhelm Andrée und Otto Hammer sind nunmehr je in Gemeinschaft mit einem Vorstandsmitglied oder einem Prokuristen vertretungsberechtigt.

Dr.Hermann Weil und Theodor C.Hirsch sind nicht mehr Vorstandsmitglieder. "

Der Urkundsbeamte der Geschäftsstelle :

Obersekretär

das

Amtsgericht

Berlin - Mitte 89b,

dortigen Hand.Reg. Bd.44584/1.

Abb. 8
Brief des Amtsgerichts Ludwigsburg vom 31. Oktober 1933: Bestätigung des Wechsels der leitenden Mitarbeiter

Bericht des Aufsichtsrats.

Der Aufsichtsrat hat während des Geschäftsjahres die ganze Geschäftsführung in ständiger Fühlung mit dem Vorstand geprüft. Er hat ferner den Jahresabschluß, den Vorschlag für die Gewinnverteilung und den Geschäftsbericht geprüft und erklärt sich damit einverstanden. Jahresabschluß und Geschäftsbericht wurden außerdem von dem öffentlich bestellten Wirtschaftsprüfer Herrn Karl Grözinger, Stuttgart - Bad Cannstatt, geprüft, was zu keinen Beanstandungen Anlaß gegeben hat.

Der Aufsichtsrat:
Dr. ing. e. h. **Ernst Sigle,**
Vorsitzer.

Aufsichtsrat:

Dr. ing. e. h. **Ernst Sigle,** Kornwestheim, Vorsitzer,
Dr. med. **Theodor Herrmann,** Böckingen, stellv. Vorsitzer,
Senator **Ernst Ammer,** Reutlingen,
Fabrikdirektor **Dr. Wilhelm Henne,** Stuttgart,
Staatsrat **Friedrich Reinhart,** Berlin.

Vorstand:

Dr. Alex Haffner, Stuttgart, Vorsitzer,
Wilhelm Floruss, Kornwestheim,
Georg Gundelsweiler, Stuttgart,
Angelo Hammelbacher, Kornwestheim,
Friedrich Schwarz, Berlin,
Jakob Sigle, Kornwestheim.

Abb. 9
Bericht des Aufsichtsrats mit der Liste der neuen Firmenleitung

Nummer der Eintragung	a) Firma b) Sitz c) Gegenstand des Unternehmens	Grund- oder Stammkapital RM	Vorstand Persönlich haftende Gesellschafter Geschäftsführer Abwickler	Prokura
1	2	3	4	5
1.	a) Salamander Aktiengesellschaft Zweigniederlassung Berlin. b) Zweigniederlassung in Berlin der unter der Firma „Salamander Aktiengesellschaft" in Kornwestheim (Amtsgericht Ludwigsburg) bestehenden Hauptniederlassung. c) Die Herstellung und der Vertrieb von Schuhwaren der Marke „Salamander" sowie von anderen Schuh- und sonstigen Waren und Artikeln, insbesondere der Erwerb und Fortbetrieb der bisher von den Firmen J. Sigle & Cie. Schuhfabriken Aktiengesellschaft in Kornwestheim, Salamander Schuhgesellschaft mit beschränkter Haftung in Berlin und A. Löhne Gesellschaft mit beschränkter Haftung in Türkheim betriebenen Unternehmungen, ferner die Vornahme aller sonstigen Fabrikations- und Handelsgeschäfte im gleichen oder einem ähnlichen Geschäftszweige, sowie die Beteiligung an anderen Unternehmungen und der Abschluß von Interessengemeinschaften.	32.000.000	Generaldirektor Dr. Alex Haffner, Stuttgart, Direktor Wilhelm Floruss, Kornwestheim Direktor Georg Gundelsweiler, Ludwigsburg, Direktor Jakob Sigle jr., Kornwestheim, Fabrikdirektor Friedrich Schwarz, Berlin.	1. Wilhelm Andrée, Kornwestheim, 2. Hans-Joachim von Busekist, Stuttgart, 3. Otto Hammer, Kornwestheim, 4. Gottlob Launer, Stuttgart-Cannstatt, 5. Georg Schiffmacher, Ludwigsburg, 6. Jakob Spieß, Kornwestheim, 7. August Stampe, Berlin, 8. Angelo Hammelbacher, Kornwestheim, 9. Lothar Sigle, Kornwestheim, 10. Robert Hintrager, Stuttgart. Jeder von ihnen vertritt die Gesellschaft mit einem Vorstandsmitgliede, die Prokuristen Andrée, v. Busekist, Hammer Launer, Schiffmacher, Hammelbacher, Sigle und Hintrager auch in Gemeinschaft mit einem anderen Prokuristen.
2.				Die Prokura des Jakob Spieß ist erloschen.
3.			Angelo Hammelbacher, Kornwestheim.	

Abb. 10
Handelsregisterauszug: Eintrag der neuen Chefs und Prokuristen

Anne Sudrow schreibt treffend: Salamander hatte sich selbst arisiert.

Das Letzte, was für die »Reinheit«, für die Beseitigung des lästigen Makels zu tun war, hat Salamander auch erledigt. Es trennte sich von den jüdischen Alleinverkäufern. Von den etwa 500 Alleinverkäufern waren 20 Prozent bereits 1934 »arisiert«, drei Jahre später gab es keine jüdischen Alleinverkäufer mehr bei Salamander.

Mancher Nazi leistete dabei aktive Hilfe. In Jüterbog zum Beispiel, wie in einer Akte des Staatsarchivs Potsdam nachgelesen werden kann, war Albert Joel seit 1922 Alleinverkäufer von Salamander. 1935 wollte der Bürgermeister Bergmann Jüterbog »judenrein« machen. Ihn störte, dass Albert Joel die Salamander-Schuhe verkaufte. Er forderte die Vermieterin auf, Joel die Verkaufsräume zu kündigen. Dem kam sie nach. Und am 24. August 1935 schickte Bergmann einen Brief nach Kornwestheim und bat, dafür zu sorgen, dass ein christliches Geschäft Salamander-Schuhe verkaufen würde, denn sonst bestünde die Gefahr, dass die gesamte Beamtenschaft nicht in der Lage sei, in Jüterbog Salamander-Schuhe zu beziehen. Salamander erwidert: »[...] dass wir schon seit längerer Zeit versuchen, in Jüterbog einen Wechsel herbeizuführen. Wenn Sie uns geeignete Bewerber zuführen können, sind wir Ihnen dankbar.«

Der geeignete Bewerber war Hermann Heyden. Sein Geschäft befand sich gleich um die Ecke. Er übernahm Joels Geschäft sowie die Bestände.

Die Familie Joel zog nach Berlin, wo Albert Joel 1942 starb, seine Frau und seine beiden Töchter starben kurz darauf in Auschwitz.

Die Sorge des Bürgermeisters, dass sich die Beamten seiner Stadt anderswo Salamander-Schuhe kaufen würden müssen, war berechtigt, denn ein Beamter durfte natürlich kein jüdisches Geschäft betreten. Das kam Salamander entgegen, da man schon »längere Zeit«, vermutlich seit zwei Jahren, versuchte, Joel durch einen dem Bürgermeister, dem Staat und der Firma genehmen Mann zu ersetzen.

Wenn man diese Veränderungen bedenkt, ergeben sich zwei Fragen: Wer übernahm die Aktien, nachdem ihre Eigentümer Salamander verlassen hatten, richtiger: verlassen mussten? Und wo sind die Menschen geblieben, die dazu beigetragen hatten, dass die Firma Ansehen und Reichtum erwerben konnte?

Die Aktien der Familie Levi wurden von den Sigles übernommen. Die Aktionäre und ihre Aktienanteile wurden bei den Generalversammlungen angegeben.

Bei ihrer Zusammenkunft am 17. Juni 1932 betrug das Kapital der Familie Sigle 15 994 Millionen RM, das der Familie Levi 15 318 Millionen RM und Hans Fritz Abraham besaß einen Anteil von 682 000 RM. Die Beträge hatten sich gegenüber 1930 ein wenig verschoben. [Abb. 3 → 32]

Zur Generalversammlung am 21. Juni 1933 ist nur noch Arthur Levi mit einem Aktienanteil von 3 Millionen verzeichnet. [Abb. 4 → 33] Im Jahr darauf, am 4. Mai 1934, verfügten die Sigles über einen Aktienanteil von 19,4 Mio RM. [Abb. 5 → 36]

Der Preis der übernommenen Aktien entsprach der einsetzenden Arisierungspraxis. Über die Jahre 1937/1938 ist bekannt, dass bestenfalls 40 Prozent des Wertes festgelegt wurden, davon waren zusätzlich noch Abgaben an den Staat zu leisten. Wer um diese Zeit das Land verlassen wollte, wurde seinen Vermögensrest für die Erlaubnis der Ausreise los.

1933 wird noch nicht so radikal verfahren worden sein, aber Druck wurde auf jeden Fall ausgeübt. Auch wenn zwischen den Levis und den Sigles eine gute partnerschaftliche Beziehung bestand, wird den Sigles sicher die Abwehr des Boykotts zwingend gewesen sein und die Bedenken der eiligen Übernahme der Levi-Aktien verdrängt haben. Der Stempel »jüdisch« sollte getilgt werden. Immerhin ergab sich dadurch die Möglichkeit, die Aktien der Partner überaus günstig zu übernehmen, und das haben die Sigles genutzt.

Max Levi und sein Schwager Isidor Rothschild haben diese Wende nicht erlebt, sie lagen schon mehrere Jahre auf einem Stuttgarter Friedhof. Die Brüder von Max Levi, Siegfried und Arthur, hielten sich noch einige Zeit in Stuttgart auf. Siegfried Levi emigrierte nach Südafrika. Arthur wurde während des Pogroms 1938 inhaftiert und konnte nach seiner Freilassung in die Schweiz fliehen. Er soll vielen Juden zur Flucht in die Schweiz verholfen haben, bevor er 1945 in die USA ging.

Paul Nathan ist nicht aus Deutschland weggekommen. Er wurde 1942 nach Theresienstadt deportiert, zwei Jahre später nach Auschwitz geschafft und ermordet. Dr. Hans Fritz Abraham hat wahrscheinlich durch Emigration überlebt. Das vermute ich, denn sein Name ist in keinem Gedenkbuch verzeichnet. Das trifft eventuell auch für andere Juden der Firmenleitung zu. Vielleicht konnten sie unbemerkt einen Teil ihres Vermögens ins Ausland schaffen. Es kann aber auch sein, dass sie irgendwo untertauchten oder als KZ-Häftlinge befreit wurden.

2012 besuchten die in den USA lebenden Nachfahren von Arthur Levi, seine Tochter mit den Enkeln, Kornwestheim. Einer der Jungen schaute sich in der Stadt um und formulierte einen Gedanken, der ihn selbst zu überraschen schien: »Eigentlich könnten wir heute Direktoren von Salamander sein.« Der Junge hatte Recht.

Salamander nach 1933

Salamander hat viel zu verantworten.

Es begann mit dem sanft oder hart erfolgten Rauswurf von Mitarbeitern, um den Makel »jüdisch« zu tilgen. Danach konnte das Unternehmen handeln wie jeder andere wirtschaftlich starke Betrieb.

Nun galt es, von einem riesigen Kuchen ein großes Stück abzubekommen. Das NS-Regime plante, die jüdischen Betriebe aus der Wirtschaft zu verbannen. Die Menschen vertrieb dieser Staat, indem er durch Terror Angst erzeugte und Existenzgrundlagen zerstörte. Gegen die Betriebe ging er mit Druck vor, mit Erpressung, zuletzt mit unverhohlenem Zwang.

Zu Beginn der Nazi-Herrschaft gab mancher jüdische Unternehmer seinen Betrieb auf, weil er sich retten wollte. Aufrufe zum Boykott führten zu Panikverkäufen, zu scheinbar freiwilligen Übereignungen an »Arier«. Als 1935 die Nürnberger Gesetze erlassen wurden, war klar, dass, wer als Feind galt, zu bekämpfen und am Ende zu vernichten ist. Die »Arisierungen« nahmen zu und erreichten in den Vorkriegsjahren ihren Höhepunkt. Den Juden wurde verboten, einen Betrieb zu führen. Mit der »Verordnung zur Ausschaltung der Juden aus dem deutschen Wirtschaftsleben« wurde am 12. November 1938 die zwangsweise »Arisierung« der noch vorhandenen jüdischen Betriebe eingeleitet. Binnen einer kurzen Frist musste der Betrieb geschlossen werden. Wer nicht rechtzeitig unauffällig die Emigration vorbereitet und einen Vermögensrest ins Ausland geschafft hatte, verließ das Land mit leeren Taschen, mittel- wie heimatlos.

Die Möglichkeit des Drucks auf die Eigentümer war dadurch gegeben, dass die Schuh- und Lederindustrie von Importen abhängig war. Leder, Gerbstoffe und andere Rohstoffe im eigenen Land reichten nicht für die Auslastung der Produktionskapazität. Die Importe kosteten Devisen, aber der Staat litt an Devisenmangel. Die Kontingentierung der benötigten Materialien begann und wurde zum Druckmittel. Der Umfang des Kontingents bestimmte, ob eine Firma sich entwickeln konnte, behindert wurde oder am Ende in Konkurs ging. Die Unternehmen trachteten danach, andere Fabriken und mit ihnen das Rohstoff-Kontingent zu übernehmen. Die Arisierungspolitik ermöglichte es. Die jüdischen Firmen waren der Kuchen, bei dessen Aufteilung man ein großes Stück abbekommen wollte.

Petra Bräutigam zitiert dazu aus einer 1939 erschienenen Schrift: »Die ›Arisierungsbereitschaft‹ der Lederunternehmer wurde durch das System der Kontingentierung, das die Firmen der Lederindustrie seit 1934 an einer Expansion hinderte, stark gefördert. Denn einmal machte die Rohstoffbewirtschaftung die Neugründung von Werken [...] unmöglich, zum anderen gaben nicht selten die Schranken, die die Kontingentierung der betrieblichen Ausweitung setzte, den Anlass zur Ausnützung jeder sich bietenden Möglichkeit des Erwerbs anderer Betriebe. Hierdurch dürfte sich insbesondere die Intensität der Angliederungsbewegung in der Lederindustrie erklären.« Petra Bräutigam fügt hinzu: »Erst nach dem Novemberpogrom 1938 und dem Verbot für Juden, einen Betrieb zu führen, begann in der Lederindustrie quasi ein ›Ausverkauf‹.« (PeBr S. 332/333)

In seiner Firmengeschichte begründet Sturm das Interesse der Salamander AG an den »Arisierungen«. Bisher habe das Unternehmen keine Tendenz der Ausweitung gehabt. »1936 wich die Firma hiervon erstmalig ab, um sich teilweise eine eigene Lederversorgung zu sichern: Aktien im Wert von 6 Millionen RM der J. Mayer & Sohn Leder AG in Offenbach gingen in das Eigentum der Firma über. Sie wurden von einem jüdischen Auswanderer erworben. Die restlichen Aktien im Wert von 0,5 Millionen RM befanden sich damals im Eigenbesitz der bedeutenden Offenbacher Chevreau-Lederfabrik. Diese Fabrik wies eine gute geschäftliche Entwicklung bis dahin auf und ihre Einrichtungen sollten der Firma Salamander dazu dienen, unabhängiger in der Lederversorgung zu werden.« (GSal S. 85)

Eine halbe Million durften die jüdischen Eigentümer behalten. Die benötigten sie teilweise oder vollständig für die Genehmigung zur »Auswanderung«. Für die Aktien im Wert von 6 Millionen RM wurden natürlich nicht 6 bzw. 5,5 Millionen RM gezahlt.

Baden-Württemberg war das Zentrum der Schuh- und Lederindustrie. Die beiden führenden Firmen, die Lederfabrik Carl Freudenberg in Weinheim und die Schuhfabrik Salamander in Kornwestheim, wurden sehr aktiv. Die Lederindustrie konnte das Rohstoffproblem anfangs durch chemische Ersatzstoffe kompensieren. Trotzdem hielt man nach den billigen Objekten Ausschau. Freudenberg eignete sich zum Beispiel Tack an, die zweitgrößte Schuhfabrik Deutschlands.

Salamander übernahm 1936
— die Schuhfabrik Bernhard Roos in Speyer
— die Lederfabrik Mayer & Sohn in Offenbach

— die Württembergische Schuhfabrik Faurndau GmbH und 1937
— Kapitalanteile der Gerberei Sihler & Co AG in Zuffenhausen.

Die Anteile bei Sihler waren Aktien von Arthur Levi und Bertha Grünwald (Max und Arthur Levis Schwester, zuvor verheiratet mit Isidor Rothschild). Der Wert ihrer Aktien betrug 3 Millionen RM und für 750 000 RM gingen die Aktien an Salamander. Bertha Grünwald verließ sofort Deutschland, Arthur Levi gelang 1939 die Flucht in die Schweiz.

Salamander kaufte noch vor der »Arisierung« die Aktien der jüdischen Schuhfabrik Haueisen & Cie. in Stuttgart-Cannstatt im Wert von 1 Million für 50 Prozent des Wertes. Es soll ein Stützungskauf gegen Liquidation gewesen sein. Sturm weist in seinem Buch über die Firmengeschichte auf den Konkurrenten hin, der ebenfalls daran interessiert war, die Aktien von Haueisen & Cie. zu übernehmen. »Drohend stand die Konkurrenz von Bata vor Salamander, weil ein Eingreifen der expansionslustigen Zliner Schuhfabrikanten in Stuttgart Bad Cannstatt möglich erschien.« (GSal S. 83) Zlín ist eine mährische Stadt, die von 1949 bis 1990 Gottwaldov hieß. Die Männer von Bata waren expansionslustig, nicht etwa zu ernsthafter Hilfe für Haueisen & Cie. bereit. Salamander jedoch hat verantwortungsbewusst die Transaktion betrieben. Beiden ging es natürlich nur um eine finanziell günstige Übernahme einer Schuhfabrik.

1933 verkaufte Salamander diese Aktien. Eine voreilige Anpassung, um mit einer jüdischen Firma nicht verbunden zu sein. Hanspeter Sturm, der merkwürdige Dinge über die Nazi-Zeit mitteilt, schreibt über diese Transaktion: Eine wirtschaftlich schlüssige Begründung für diesen Vorgang lasse sich in den Akten der Firma Salamander nicht finden, denn »rückschauend betrachtet war der Verkauf der Haueisen-Aktien ein Fehlgriff. [...] Schließlich war die jahrelange Arbeit in Cannstadt für die Salamander AG nutzlos gewesen, weil der später tatsächlich erzielte Gewinn [...] nicht Salamander zufloss, die praktisch kampflos und überstürzt ein breites Betätigungsfeld geräumt hatte«. (GSal S. 84) Was Sturm meint, ist klar: Salamander hätte nur auf die »Arisierung« der in jüdischer Hand befindlichen Aktienanteile zu warten brauchen, dann wäre der Gewinn der Firma nach Kornwestheim geflossen. In den Akten konnte Sturm keine wirtschaftlich schlüssige Begründung finden, aber sie liegt, wie mir scheint, auf der Hand. Salamander war ja 1933 gerade dabei, sich selbst zu »arisieren«, da waren die Haueisen-Aktien nur Ballast.

Es entstanden unter diesen Bedingungen der Aneignung unterschiedlicher Fabriken große Mischkonzerne der Leder- und Schuhindustrie. Im Zuge dieses Prozesses verschwanden die jüdischen Unternehmen aus dem Wirtschaftsleben. Von den jüdischen Schuhfirmen waren 1938 schließlich 90 Prozent »arisiert«, die restlichen 10 Prozent wurden geschlossen.

Nach 1945 haben die an der »Arisierung« beteiligten Firmen oft erklärt, sie hätten den jüdischen Firmen mit dem Aktienkauf helfen wollen, aus einer instabilen Lage herauszukommen. Mitunter wurde der Raub jüdischen Eigentums als humanitäre Hilfe ausgegeben, indem versichert wurde, man habe Aktien, Gebäude, Maschinen und Warendepots übernommen, um den jüdischen Eigentümern die Emigration zu ermöglichen, und die seien dafür dankbar gewesen. Natürlich habe es bei Eigentumswechsel annehmbare Preise gegeben. Bei Salamander kann man es lesen. Im Geschäftsbericht des Vorstands für die Zeit vom

21. Juni 1948, der Einführung der DM, bis zum 31. Dezember 1949 steht:

»Ein Teil unserer Geschäfte in eigenen Häusern konnte noch nicht wieder hergestellt werden, weil wegen der Grundstücke Rückerstattungsansprüche an uns gestellt wurden. Zwar haben wir in allen Fällen, in denen wir jüdisches Eigentum erwarben, einen guten Preis bezahlt.« Die vorherigen Eigentümer waren offensichtlich anderer Meinung. Und die Gerichte in jener Zeit auch. Es heißt in dem Bericht weiter: »Unser größter Rückerstattungsfall betraf unsere Lederfabrik in Offenbach, deren Aktien wir im Jahre 1936 von einem Emigranten gekauft hatten. Das Verfahren wurde durch Vergleich erledigt, wonach wir die ganzen Aktien behalten, aber zur Abgeltung verschiedener Ansprüche eine sehr erhebliche Summe in Raten bis Mitte 1951 zu zahlen haben. In einem zweiten Fall handelte es sich um die Schuhfabrik in Faurndau bei Göppingen. Seinerzeit hatten wir die Gebäude und Maschinen erworben, um dem unserer Firma nahestehenden Vorbesitzer die Auswanderung zu ermöglichen. Die Fabrik blieb jedoch an die Württembergische Schuhfabrik Faurndau G. m. b. H. vermietet, deren Anteile in andere Hände übergingen. Auch hier wurde ein Vergleich erzielt. Der Vorbesitzer verpflichtete sich, uns gegen Zahlung eines Betrages die Eigenbenutzung der Fabrik zu verschaffen. [...] Der Kaufpreis ist zum größeren Teil noch geschuldet. Die Fabrik wird jetzt von uns als Werk Faurndau betrieben.«

[**Abb. 11** →51]

Das ist sehr deutlich: Salamander hat Fabriken, Gebäude, Maschinen »erworben«, das Wort hört sich nach ehrlich verhandeltem Kauf an, bei dem ein »guter Preis« vereinbart wurde. Und nun werden, wie sonderbar, Forderungen gestellt. Der erste Fall betrifft die Offenbacher Lederfabrik Mayer & Sohn, die komplett von Salamander

Geschäftsbericht des Vorstands

1. Die DM-Eröffnungsbilanz

Zur Zeit der Währungsreform besaßen wir nur die Warenvorräte, die zur Fortführung des Geschäfts notwendig waren.

Dagegen betrugen unsere

Bankguthaben und Barmittel . .	23	Millionen	RM	
Reichsschatzwechsel	9	"	"	
Hypotheken	2	"	"	
Wertpapiere	24	"	"	(zu Steuerwerten; zu Tageskursen berechnet waren es sogar 35 Millionen).

Ein Teil unserer Geschäfte in eigenen Häusern konnte noch nicht wieder hergestellt werden, weil wegen der Grundstücke Rückerstattungsansprüche an uns gestellt wurden. Zwar haben wir in allen Fällen, in denen wir jüdisches Eigentum erwarben, einen guten Preis bezahlt und die Vorbesitzer haben uns dafür nicht nur bei ihrer Auswanderung, sondern auch nach dem Zusammenbruch Anerkennung und Dank ausgesprochen. Das ganz einseitige Rückerstattungsgesetz zwingt aber fast zur Erhebung von Ansprüchen.

Unser größter Rückerstattungsfall betraf unsere Lederfabrik in Offenbach, deren Aktien wir im Jahre 1936 von einem Emigranten gekauft hatten. Das Verfahren wurde durch Vergleich erledigt, wonach wir die ganzen Aktien behalten, aber zur Abgeltung verschiedener Ansprüche eine sehr erhebliche Summe in Raten bis Mitte 1951 zu zahlen haben.

3

In einem zweiten Fall handelte es sich um die Schuhfabrik in Faurndau bei Göppingen. Seinerzeit hatten wir die Gebäude und Maschinen erworben, um dem unserer Firma nahestehenden Vorbesitzer die Auswanderung zu ermöglichen. Die Fabrik blieb jedoch an die Württembergische Schuhfabrik Faurndau G. m. b. H. vermietet, deren Anteile in andere Hände übergingen. Auch hier wurde ein Vergleich erzielt. Der Vorbesitzer verpflichtete sich, uns gegen Zahlung eines Betrages die Eigenbenützung der Fabrik zu verschaffen. Durchgeführt wurde dies in der Weise, daß wir die Geschäftsanteile der G. m. b. H. zum Wert der Aktiven abzüglich der Passiven übernahmen. Da die Gesellschaft noch im Jahr 1949 in Liquidation trat, haben wir in unsere Bilanz nicht die Anteile, sondern die einzelnen Aktiven und Passiven aufgenommen. Der Kaufpreis ist zum größeren Teil noch geschuldet. Die Fabrik wird jetzt von uns als „Werk Faurndau" betrieben.

Von den sonst noch schwebenden Rückerstattungsfällen hat keiner mehr eine Bedeutung wie die beiden erwähnten.

4,80 DM.

*: Die Gesamtbezüge des Vorstands betrugen 592 800 DM, die des Aufsichtsrats 91 000 DM.

Kornwestheim, den 15. März 1950.

Der Vorstand.

(gez.) Haffner (gez.) Gündelbenzinger.

4

Abb. 11
Geschäftsbericht des Vorstands
vom 15. März 1950

übernommen worden war. Im zweiten Fall geht es um Gebäude und Maschinen, für die nur eine kleine Teilsumme an die Vorbesitzer ging, den Rest blieb Salamander vierzehn Jahre schuldig. Was taugt ein »guter Preis«, wenn der Verkäufer so gut wie leer ausgeht?

Es geht noch weiter in dem Bericht: »Von den noch schwebenden Rückerstattungsfällen hat keiner mehr eine Bedeutung wie die beiden erwähnten.« Tief musste in die Kasse gegriffen werden. Das hat wehgetan. Eigentlich hätte es diese Menge an Forderungen gar nicht geben müssen, meint der Vorstand in seinem Bericht: »Das ganz einseitige Rückerstattungsgesetz zwingt fast zur Erhebung von Ansprüchen.« Der Staat mit seinem Gesetz ist schuld, dass nachträglich viel zu zahlen ist. Ein »ganz einseitiges Gesetz« kann nicht gerecht sein, das ist es eben nur für eine Seite, hier für die habgierigen Emigranten. Nein, Habgier wird ihnen nicht unterstellt, so weit gingen die Salamander-Leute nicht. Aber ein wenig nahmen sie es den Juden übel, dass sie sich durch das Gesetz verleiten ließen, Forderungen zu stellen.

Salamander war reich genug, um zahlen zu können, wozu die Gerichte sie verpflichteten. Alle Fabriken blieben Salamanders Eigentum, aus dem sie bisher und weiterhin Gewinn erzielten. »Unsere Tochtergesellschaft, die J. Mayer & Sohn Lederfabrik AG in Offenbach, hat ihre großen Kriegsschäden zu einem erheblichen Teil behoben. Der Umsatz betrug in der Berichtszeit 26,9 Millionen DM.«

Die »arisierte« Offenbacher Firma war nun eine gewinnbringende Tochtergesellschaft. Nach meiner laienhaften Kenntnis wird eine Tochtergesellschaft mit dem vorhandenen Kapital einer Firma gegründet. Die Offenbacher Fabrik musste aber ihr Kapital für einen Preis in Trinkgeldhöhe dem Käufer überlassen. Das Kapital floss zum Käufer und nicht in eine neue Firma. »Tochtergesellschaft« ist eine freundliche Umschreibung für diesen Vorgang.

Dieser Bericht des Vorstands vom 15. März 1950 ist von Haffner und Gundelsweiler unterschrieben.

Der Mischkonzern Salamander verfügte 1945 über mehrere Schuhfabriken, mehrere Lederfabriken, ein Lederfaserstoffwerk, Produktionsstätten für Klebstoffe und Schuhpflegemittel und eigene Vertriebsgesellschaften mit Filialketten.

Diesen Stand erreichte das Unternehmen dank der Leitung durch den Generaldirektor Alex Haffner und seine bisherigen und 1933 eingesetzten Direktoren. Die Anpassung an das Nazi-Regime war schnell vollzogen worden. Die Geschäfte liefen ausgezeichnet. Da neue Produktionsstätten hinzugekommen waren, stieg der Umsatz. Bis zur Olympiade 1936 konnten die Aktionäre gute Dividenden einstreichen. Doch danach machte sich zunehmend der Ledermangel bemerkbar, die Produktion ging mit Kriegsbeginn deutlich zurück.

Leder-Ersatzstoffe und die »Schuhprüfstrecke«

Für den Krieg, den der Nazi-Staat vorbereitete, wurden Stiefel gebraucht. Viele Stiefel, auch Koppel und manches andere, also das meiste des vorhandenen Leders. Für den zivilen Bedarf blieb wenig übrig. Während des Krieges sah es dann noch schlechter aus. Das gesamte Leder wurde für den Bedarf der Wehrmacht zur Verfügung gestellt. Die Zivilbevölkerung, die zu versorgen notwendig war, bekam Schuhe aus Leder-Ersatzstoffen.

Um den Ledermangel zu kompensieren, forderte der Staat, Ersatzstoffe zu entwickeln. Die Leistungsfähigkeit durfte nicht durch schlechtes Schuhwerk beeinträchtigt werden. Die Arbeiter sollten nicht in Pantinen an den Maschinen der Rüstungsindustrie stehen, die Kinder nicht barfuß zur Schule gehen, die Frauen etwas Tragbares kaufen können. Und die Wehrmacht, die SS und die sonst noch Beteiligten sollten in festem Schuhwerk, auch wenn nicht gänzlich aus Leder bestehend, in fremde Länder einrücken.

Mit den bisher entwickelten Materialien gab es viele Probleme. Sie taugten nichts. Und was jetzt entwickelt wurde, musste auf seine Brauchbarkeit getestet werden. Das war so gut wie Neuland.

Freudenberg hatte sich zum Beispiel schon länger mit dem Ersatzstoff Gummi für Schuhsohlen befasst und ließ

Mitarbeiter durch den Odenwald, der Gegend von Weinheim, Trageversuche machen. Sie wanderten auf einem 28 Kilometer langen Weg über Asphalt, Kopfsteinpflaster und Naturbelag. Auch in der Textilindustrie gab es bereits Trageversuche von Kunstseide und Zellwolle. Aber diese Methode kostete Geld, und es dauerte lange, ehe man zu Ergebnissen kam. Dem Gummi von Freudenberg setzte Salamander Lederfaserwerkstoffe entgegen, für die es in Türkheim einen gewissen Vorlauf gab.

Diese Situation genügte bei Weitem nicht für den Massenbedarf bei drastischem Rohstoffmangel. Anne Sudrow beschreibt die Vorgänge zur Lösung des Problems: Wissenschaftler zweier Forschungsinstitute wurden von staatlicher Seite beauftragt, das Problem zu beheben. Führende Unternehmen der Lederbranche wurden hinzugezogen. Salamander stieg in die Ersatzstoff-Forschung ein.

Anfangs lag alles in staatlichen Händen, aber sehr bald wurde die Verantwortung den Unternehmen übertragen, die als »Gemeinschaft Schuhe« auftraten. Eine Fachabteilung Lederfaserwerkstoff/LFWS wurde gegründet mit Sitz in der Salamander-Fabrik in Türkheim. Die Leitung übernahm der Direktor dieser Fabrik, Robert Eichenlaub.

Am 8. Mai 1940 fand in Berlin die erste Sitzung der Fachabteilung LFWS statt. Dort wurde festgelegt, neben der Materialprüfung im Labor eine »Gebrauchswertprüfung« der zu entwickelnden Leder-Ersatzstoffe durchzuführen, und zwar in sehr großem Umfang. Als Versuchspersonen waren KZ-Häftlinge vorgesehen. Sie stünden als Arbeitskräfte, wie es hieß, »in unbegrenzter Menge« zur Verfügung und könnten »ohne Pause« eingesetzt werden. Als Ort für die Tests wurde das Konzentrationslager Sachsenhausen in Oranienburg bestimmt. Weil für die Häftlinge außerdem nur sehr wenig zu zahlen war, 6 RM pro Tag und Häftling, ließ sich auch die Kostenfrage günstig klären. Die Reichsstelle für Wirtschaftsausbau überwies überdies die »Nutzungsgebühr« für die »Versuchspersonen« an die SS, so dass die Unternehmen nicht sofort zahlen mussten, sondern erst, wenn die Kosten für die Tests anteilig den Unternehmen berechnet wurden.

Im Mai/Juni 1940 wurde im KZ Sachsenhausen die »Schuhprüfstrecke« eingerichtet. Für die Kontrolle und die Auswertung der Tests und die Festlegung, welche Ersatzstoffe verwendet werden können, wurden Ausschüsse gebildet. Es gab viele unterschiedliche Tests und für alle entsprechende Ausschüsse. In ihnen waren Kontrollämter, wissenschaftliche Institute und führende Unternehmen tätig. Alles war organisiert und die Versuche konnten in großem Umfang beginnen.

Salamander baute die Forschung für Ersatzstoffe aus und beteiligte sich an den Tests des Gebrauchswertes. Im Werk Türkheim wurde schon lange Kunstleder für Schuhabsätze hergestellt: eine Verbindung aus faserigen Lederabfällen, Zellulose und Harzleim. Das Gebäude im bayerischen Türkheim war das Lederfaserstoffwerk/LFSW, geleitet von Robert Eichenlaub.

Damit komme ich zu dem Übelsten, was Salamander zu verantworten hat. Hier ging es nicht um Raub fremden Eigentums, sondern um mörderische Menschenversuche. Der renommierte Schuhproduzent hat sich mitschuldig gemacht.

Die Reichsstelle für Lederwirtschaft verlangte von allen Firmen, sie sollen »an der Verbesserung des Laufschuhmaterials intensiv arbeiten«. Viele Firmen stellten Schuhe mit Ersatz-Material her und lieferten sie an eine Prüfungsstelle. Das war die im Mai/Juni 1940 eingerichtete »Schuhprüfstrecke« im KZ Sachsenhausen.

Mit den in Türkheim entwickelten Ersatzstoffen wurden in der Schuhfabrik Kornwestheim Test-Schuhe hergestellt und nach Sachsenhausen geschickt. Direktor der Kornwestheimer Fabrik war Angelo Hammelbacher.

Die Materialprüfung bestand aus Trageversuchen, die kontrolliert und ausgewertet wurden. Die Ergebnisse der Tests wurden in den verschiedenen Ausschüssen zusammengetragen und begutachtet: die Ersatzstoffe für die einzelnen Schuhbestandteile wie Absätze, Brandsohlen, Zwischensohlen, Vorder- und Hinterkappen, Fersenflecken, Oberleder, Schuhfutter usw.

Die Test-Schuhe wurden hauptsächlich von Salamander, Mercedes, Bata und Leiser nach Sachsenhausen geliefert. Es beteiligten sich insgesamt 78 Betriebe an den Tests, im Prinzip die gesamte Lederbranche.

Zwei Konzerne waren dominant. In allen Ausschüssen saßen Freudenberg, der wichtigste Gummi-Hersteller und Lieferant für die Schuhproduzenten, und Salamander, mit Abstand der größte Hersteller von Lederfaserwerkstoffen. Salamander war vertreten durch Ernst Sigle, Vorsitzender des Aufsichtsrates, Angelo Hammelbacher, Direktor der Schuhfabrik Kornwestheim, seit 1933 Mitglied des Vorstands der Aktiengesellschaft, und Robert Eichenlaub, Direktor des Lederfaserstoffwerks Türkheim. Hammelbacher hatte eine führende Position im Klebstoff-Ausschuss. Eichenlaub war ab April 1944 einer von vier Mitgliedern des Prüfungsamtes für Lederersatzstoffe.

Haffner wehrte sich zwar gegen die Verwendung von Ersatzstoffen, weil sich die Qualität, das Markenzeichen der Firma, verschlechtern würde. Aber gegen die Forschung auf dem Gebiet und die dazu nötigen Tests hatte er nichts einzuwenden. Salamander hoffte, einen zukunftsträchtigen technischen Vorsprung vor anderen Firmen der Branche zu gewinnen, nicht unbegründet. Das Türkheimer Werk forschte bereits seit den 20er Jahren auf diesem Gebiet, und das kapitalkräftige Unternehmen war in der Lage, umfangreiche Forschungen zu finanzieren. Salamander schaltete sich dominant in die Tests auf der »Schuhprüfstrecke« ein.

Die »Schuhprüfstrecke« war eine halbrunde Laufbahn von 700 Metern, acht bis zehn Meter breit, abwechselnd belegt mit Beton, Schotter, Sand, ständig feucht gehaltenem Lehm und anderem Material. »Darauf mussten wir in Schuhen, die oft nicht passten, den ganzen Tag marschieren, von morgens um sechs bis abends um fünf.« Die Testschuhe wurden den Häftlingen in willkürlicher Größe, oft zu klein oder zu eng, zugeteilt. Jeden Tag ein anderes Paar. Das berichtete einer der »Schuhläufer«, der Holländer Josef Snep. Sie mussten täglich dreißig Kilometer marschieren und auf dem Rücken Lasten von 15 bis 30 Kilo tragen. Die schleppten sie elf Stunden über die Strecke, die ersten Kilometer rennend, danach im Marschtempo. Die Füße waren aufgerieben und bluteten. Medizinisch behandelt wurden sie nicht.

Josef Snep erzählte: »Man musste mittags stillstehen und bekam einen Napf mit – nein, Suppe kann man das kaum nennen, es war eine furchtbare Brühe. Die mussten wir stehend auf der Strecke aufessen, dann ging es weiter. Wenn einer völlig erschöpft zusammenbrach, war es oft so, dass die SS-Leute ihn mit einem Genickschuss töteten. Um die Kolonne herum liefen zwei Männer, Häftlinge, mit einer Holzkarre. Die steht heute noch in der KZ-Gedenkstätte in Sachsenhausen. Da wurden die Zusammengebrochenen draufgeschmissen, und wenn zwei oder drei drauflagen, fuhren die Männer mit der Karre zum Krematorium. Später kamen sie zurück und marschierten wieder mit. So ging das täglich. Eine Zahl zu nennen ist schwierig, aber es gab Tage, da sah man zehn bis zwölf Häftlinge umfallen.«

Diesen letzten Satz sollte man nicht vergessen. Die Zuweisung zu dem Strafkommando der »Schuhläufer« war unter den Häftlingen gefürchtet, sie kam einem Todesurteil gleich.

Josef Snep, der im Mai 2010 als 88-Jähriger in Kornwestheim sprach, ist einer der Wenigen, die die Tortur auf der »Schuhprüfstrecke« überlebten. Nach drei oder vier Wochen, so genau erinnert er sich nicht mehr an die Dauer, wurde er von der »Schuhprüfstrecke« weggeholt, weil man im Außenlager Lichterfelde Tischler brauchte, und das war sein Beruf. Er sagte, er habe dieses mörderische Schuh-Kommando überstanden, weil er Spitzensportler war, ein Turner und Handballspieler mit gut trainiertem Körper. Er war damals zwanzig Jahre alt.

Der Besuch von Josef Snep verursachte viel Unruhe in Kornwestheim. Denn die »Schuhprüfstrecke« war ein Tabu, und Snep hatte es gebrochen. Er war nicht von der Stadt eingeladen worden, sondern Gast einer Gruppe zur Aufklärung über die Vergangenheit entschlossener Personen.

Die Verantwortung für die Trageversuche wurde im November 1942 an die Unternehmer übertragen. Alle beteiligten Firmen wussten, was auf der »Schuhprüfstrecke« geschah. Sie erhielten die Testberichte zur Optimierung ihrer Produktion. Anne Sudrow versicherte in einem Vortrag, dass die führenden Unternehmen wie Freudenberg und Salamander nachweislich ihre Vertreter nach Sachsenhausen schickten, um sich vor Ort über die Testversuche zu informieren. Sie nannte in diesem Zusammenhang Ernst Sigle, Angelo Hammelbacher und Robert Eichenlaub. Die Häftlinge standen vor ihnen, wenn sie die Schuhe begutachteten.

Ein Vorarbeiter der »Schuhkommandos«, Wilhelm Jakob, gab 1968 in einer Zeugenaussage zu Protokoll:

»Hin und wieder kamen die Direktoren der Schuhfirmen, um sich von dem Ergebnis der Prüfung an Ort und Stelle zu unterrichten. In einem solchen Falle musste das Kommando geschlossen vor der Baracke der Schuhprüfstelle antreten und die Schuhe ausziehen, wo sie von dem entsprechenden Firmenvertreter besichtigt wurden.« (AnSu S. 534)

Anne Sudrow erklärt nachdrücklich: »Alle Unternehmer, die führende Posten bei der Organisation [...] des Industriezweigs innehatten, waren nicht nur in die Verwendung von Häftlingen als Versuchspersonen eingeweiht. Sie hatten an der ursprünglichen Entscheidung, die Strecke im KZ zu errichten, wesentlichen Anteil und waren über Jahre hinweg die bewussten Nutznießer der KZ-Versuche.« (AnSu S. 591)

Die Kenntnis der Menschenversuche in Sachsenhausen ist nicht zu leugnen. Dass Salamander informiert war, geht zum Beispiel aus einem Vorschlag des Direktors Hammelbacher hervor, gerichtet an die Reichsstelle für Lederwirtschaft. Er schlug vor, zusätzliche Verarbeitungsversuche »zu den Prüfungen beim Materialprüfungsamt und beim K.-Z.-Lager in Oranienburg« durchzuführen. (AnSu S. 566)

Die SS ließ sich die »Nutzung der Versuchspersonen« auf der »Schuhprüfstrecke« bezahlen. Auch Geldbewegungen können die Vorgänge belegen. Die vorgeschossenen 6 RM pro Tag und Häftling überwiesen die Unternehmer an die Reichsstelle für Wirtschaftsausbau. Darüber müssten im Archiv von Salamander Zahlungsbelege zu finden sein. Falls sie nicht vorsichtshalber vernichtet wurden, denn sie beweisen die Teilnahme an Verbrechen.

Salamanders Holzschuhe

Der Mangel an Leder führte in der Schuhbranche seit Beginn des Krieges zu massiven Einbrüchen. Aber nicht bei Salamander. Zwar wurde auch in dieser Firma deutlich weniger hergestellt als vor dem Krieg, die Produktion blieb jedoch bis einschließlich 1943 im Gegensatz zu anderen Firmen der Branche stabil. Salamander wurde offensichtlich gut oder sogar bevorzugt mit Rohstoffen versorgt, denn Robert Eichenlaub hatte es in der Hand, über die Versorgung der Firmen mit Rohmaterial zu entscheiden. Die Gewinne der Firma stiegen in den ersten Kriegsjahren leicht an und bewegten sich um die 3 Millionen RM. Erst 1944 erlebte Salamander einen Einbruch. Der Gewinn sank auf weniger als 1 Million RM. Das war immer noch ein deutlicher Gewinn.

Robert Eichenlaub, dem Türkheimer Direktor, oblag die Kontingentierung der Rohstoffe. Aber vor dem Gremium der Fachabteilung LFWS war, das nehme ich an, eine Begründung für die gute oder bessere Versorgung mit Rohmaterial nötig.

Jedenfalls kam Salamander dank der Befugnisse des Türkheimer Direktors bis 1944 nicht in größere Schwierigkeiten. Das besagen die Statistiken, die Petra Bräutigam veröffentlicht hat.

Salamander begann, Kinderschuhe herzustellen, das erklärt ein wenig die relativ stabile Produktionshöhe, kostete aber Rohmaterial. Vielleicht konnte Salamander dafür ein Extra-Kontingent beanspruchen. Die Kinderschuhe verkauften sich gut.

Oder machten die Holzschuhe die Produktion stabil?

Salamander stellte während des Krieges Holzschuhe her, wie viel, das wird nirgends mitgeteilt. Hanspeter Sturm schreibt, es seien nicht viele gewesen. (GSal S. 96) Es muss sich aber um große Mengen gehandelt haben, um die Produktions- und die Gewinnhöhe eines Unternehmens von der Größe der Salamander AG zu halten. 1944 erreichte die Produktion noch mehr als die Hälfte des Vorkriegsstandes, das waren 3,3 Millionen Paar Schuhe, überwiegend Holzschuhe. (PeBr S. 161 und 162) Für Holzschuhe benötigte die Firma natürlich kein Rohmaterial-Kontingent.

Gegen Holzschuhe hatten Haffner und seine Direktoren und Vorstandsmitglieder bestimmt keine Einwände, denn Holzschuhe unterlagen nicht dem streng gehüteten Qualitätsprinzip. Das brauchte man auf Holzschuhe nicht anzuwenden, die waren ein Ausweichprodukt, das nicht als Salamander-Schuh bezeichnet werden konnte.

Für wen waren diese Holzschuhe bestimmt? Für die Knechte und Mägde der Bauern? Ein irres Bild: Ein Knecht, eine Magd, ein Bauer betritt ein Salamander-Geschäft und verlangt ein Paar Holzschuhe. Dem Beamten im Haus gegenüber hätte es sicher nicht gefallen, denn was hat dieses Volk in »seinem« Geschäft zu suchen! Die Mengen an Holzschuhen, vermutlich mehr als zwei Millionen Paar im Jahr 1944, werden an die Verbraucher geliefert worden sein, sicher nicht direkt an einzelne Bauern oder an mehrere eines Dorfes. Nein, das widersprach der Vertriebsmethode. Das waren nicht die Kunden für Salamanders Holzschuhe.

Oder nur bedingt. Wer dann? Vielleicht die Konzerne zur Versorgung ihrer Arbeiter? Den Gedanken habe ich oben schon abgetan, denn es hätte die Sicherheit gefährdet und die Leistungsfähigkeit beeinträchtigt. Außerdem waren viele Arbeiter an die Front geschickt worden und brauchten keine Holzschuhe, oft überhaupt keine Schuhe mehr. Die Arbeiter waren durch Frauen ersetzt worden. Trugen Frauen Holzschuhe? Ich bin nicht sicher. Aber Zwangsarbeiter haben sich die Betriebe geholt. Denen konnte man Holzschuhe geben, denn ihre Sicherheit spielte kaum eine Rolle, ihre Leistungsfähigkeit schon, aber sie konnten gegen neue Zwangsarbeiter ausgetauscht werden. Vielleicht sind Holzschuhe an die Konzerne geliefert worden.

In großer Menge, die zu liefern sich lohnte, könnten Holzschuhe zu anderen Verbrauchern gekommen sein. Der absolut größte Bedarf bestand in den Konzentrationslagern. Jeder Häftling hatte Holzschuhe an den Füßen. Hat Salamander Holzschuhe für KZ-Häftlinge produziert? Diese Frage würde ich gern beantworten, aber dafür fehlt mir jede Unterlage. Ich kann auch in dieser Sache nur auf das Archiv von Salamander verweisen.

Bei Salamander wurden Schuhe für Männer, Frauen und Kinder gefertigt, Schuhe aus Leder, aus Ersatzstoffen oder aus Holz. Auch Stiefel. Die Wehrmacht wurde mit Stiefeln versorgt. Nach Sturm machte Salamanders Anteil daran etwa sieben bis zwölf Prozent der Gesamtproduktion aus. (GSal S. 93) Für diese Menge konnte Salamander Rohstoffe beanspruchen und so zur Erhaltung der Produktionshöhe beitragen.

Stiefel, das kann ich bezeugen, entstanden zum Beispiel in der Berliner Köpenicker Straße. Als ich dort Zwangsarbeit leistete, standen in meinem Rücken Regale, die den Raum teilten. Dahinter, das konnte ich sehen, stellten französische Kriegsgefangene Stiefelschäfte her. Sie arbeiteten an Maschinen, und trotz des Lärms in der großen Halle konnte ich sie oft singen hören. An ihrem Gesang war ihre Stimmung zu erkennen. Je näher die Front und das Kriegsende kam, umso fröhlicher wurde ihr Gesang. Kriegsgefangene für Kriegsproduktion einzusetzen verstößt gegen das Völkerrecht. Die Stiefelschäfte, die hinter den Regalen gefertigt wurden, waren unleugbar für Kriegszwecke bestimmt, genauso wie Gewehre und Flakgeschütze, nur nicht so auffällig.

Zwangsarbeit im Reparaturbetrieb

Ich wiederhole: Salamander hat viel zu verantworten.

Zum Raub jüdischen Eigentums und zur Beteiligung an der »Schuhprüfstrecke« kommt die Ausbeutung von Zwangsarbeitern hinzu.

Das Thema Zwangsarbeit wurde 1999 nachhaltig in die Öffentlichkeit gebracht. Es erschien eine Liste mit den Namen von 2500 Firmen, die Zwangsarbeiter und Zwangsarbeiterinnen beschäftigt hatten. Das war nur ein winziger Teil der Namen, denn in der Industrie und in der Landwirtschaft gab es kaum einen Betrieb, der nicht die billigen Arbeitskräfte anforderte. Der Name Salamander stand nicht auf der Liste. Als die Tageszeitung *taz* erfuhr, dass ich in dieser Firma Zwangsarbeit leisten musste, interviewte der Reporter Volker Weidermann den Firmenhistoriker Sturm, die Pressesprecherin von Salamander, Elvira Saverschek, und mich und er setzte einen Ausschnitt aus meinem ersten Buch, in dem ich über meine Zwangsarbeit geschrieben habe, dazu, außerdem ein Foto von mir mit meinem alten Arbeitsbuch vor einem Salamander-Geschäft. Das füllte eine volle Zeitungsseite. **[Abb. 12 →68]**

Der Firmenhistoriker Hanspeter Sturm, nach der Zwangsarbeit im Reparaturbetrieb befragt, antwortete lachend: »Salamander-Schuhe müssen nicht repariert

Abb. 12
»taz« 1999, Vera Friedländer
vor der Salamander-Filiale Berlin

werden.« Sturm bezog Reparaturen nur auf die Schuhe von Salamander. Und da diese keiner Reparatur bedürften, sei auch keine Werkstatt nötig gewesen. Sturm negierte auf diese Art beides: die Zwangsarbeit und die Reparaturwerkstatt. Elvira Saverschek sagte dasselbe, aber direkt. Es habe nie Firmenbesitz von Salamander in der Köpenicker Straße gegeben. Das bedeutet aber nicht, dass es dort keinen Reparaturbetrieb gab. In Adressbüchern jener Jahre ist er unter der Köpenicker Straße 6a–7 verzeichnet. [Abb. 13 →70] Und in mein altes Arbeitsbuch hat sich Salamander mit dieser Adresse und mit Stempel und Unterschrift eingetragen. Das ließ sich nicht leugnen. Aber Zwangsarbeiter habe es bei Salamander nicht gegeben, behauptete die Pressesprecherin. Und jüdische Zwangsarbeiterinnen, das sei sehr unwahrscheinlich. Das habe sie ihm gesagt, versicherte mir der Reporter. Und sie habe hinzugefügt, was er in seinen Artikel aufgenommen hat: »Wir müssen erst mal ganz in Ruhe überprüfen, was Frau Friedländer da zusammenfabuliert hat.«

Der Firmenhistoriker Sturm gab schließlich zu, es habe 284 französische Kriegsgefangene gegeben, die die Firma für sich arbeiten ließ. Ich kannte nur das gute Dutzend manchmal singender Franzosen hinter den Regalen in meinem Rücken. Sollten so viele in dieser Werkstatt gearbeitet haben? Ich übersah ja nur die eine Halle in der vierten Etage des Mitteltrakts, nicht die angrenzenden langgestreckten Gebäude links und rechts. Die Zahl 284 bezog sich nicht auf die Franzosen in der Köpenicker Straße, sondern auf eine Gruppe in Kornwestheim.

Die Franzosen, die an Maschinen Stiefelschäfte fertigten, waren nichts anderes als Zwangsarbeiter. Sie arbeiteten in ihren Uniformen. Aber sie waren Zwangsarbeiter.

Sturm sagte dem Reporter Weidermann, es seien außer den französischen Kriegsgefangenen auch Vertrags-

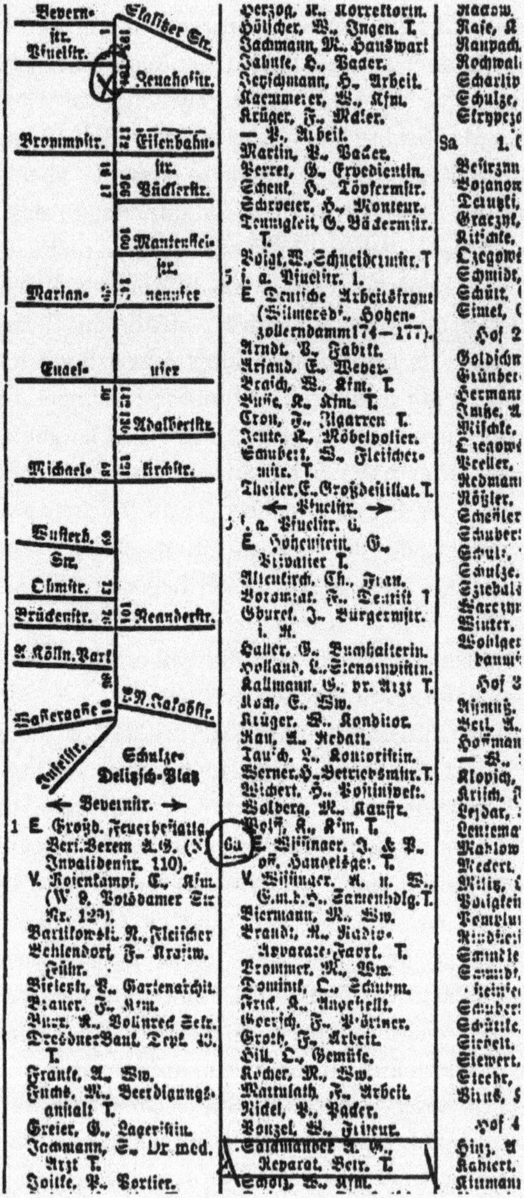

← Bevernstr. →

1 E Großd. Feuerbestattg. Berl. Verein A.G. (N 4 Invalidenstr. 110).
V Rosenkampf, C., Kfm. (W 9, Potsdamer Str. Nr. 12?).
Bartikowski, R., Fleischer
Behlendorf, F., Kraftw. Führ.
Bielecki, P., Gartenarchit.
Brauer, F., Kfm.
Burz, K., Polizei Sekr.
Dresdner Bank Dep. 43. T.
Franke, A., Ww.
Fuchs, M., Beerdigungsanstalt T.
Greier, G., Lageristin.
Jachmann, E., Dr. med. Arzt T.
Joitke, P., Portier.

Herzog, R., Korrektorin.
Hölscher, W., Ingen. T.
Jachmann, M., Hauswart
Jahnke, H., Bader.
Jezichmann, H., Arbeit.
Kaemmerer, W., Kfm.
Krüger, F., Maler.
— P., Arbeit.
Martin, P., Bäcker.
Perret, G., Expedientin.
Schenk, H., Töpfermstr.
Schroeter, H., Monteur.
Tennigkeit, G., Bäckermstr. T.
Voigt, W., Schneidermstr. T
5 i. a. Pfuelstr. 1.
E Deutsche Arbeitsfront (Wilmersdf., Hohenzollerndamm 174–177).
Arndt, B., Fabrkt.
Arfand, E., Weber.
Braich, W., Kfm. T.
Busse, K., Kfm. T.
Cron, F., Zigarren T.
Jeute, K., Möbelpolier.
Schubert, W., Fleischermstr. T.
Theiler, E., Großdestillat. T.

← Pfuelstr. →

5 i. a. Pfuelstr. 6.
E Hohenstein, G., Privatier T.
Altenkirch, Th., Frau.
Borowiak, F., Dentist T
Oburek, J., Bürgermstr. i. R.
Haller, G., Buchhalterin.
Holland, L., Stenotypistin.
Kallmann, G., Dr. Arzt T.
Koch, E., Ww.
Krüger, W., Konditor.
Rau, A., Redakt.
Tausch, L., Kontoristin.
Werner, H., Betriebsmstr. T.
Wichert, H., Postinspekt.
Wolberg, M., Kauffr.
Wolff, K., Kfm. T.
6a E Wissinger, J. & P. off. Handelsges. T.
V Wissinger, A. u. W., G.m.b.H., Samenhdlg. T.
Biermann, M., Ww.
Brandt, K., Radio-Apparate-Fabrk. T.
Brommer, M., Ww.
Dominik, C., Schutzm.
Frick, K., Angestellt.
Goerisch, F., Pförtner.
Groth, F., Arbeit.
Hill, C., Gemüse.
Kocher, M., Ww.
Marmulath, F., Arbeit.
Nickel, P., Packer.
Ponzel, W., Friseur.
Salamander A. G., Reparat. Betr. T.
Scholz, W., Kfm.

Abb. 13
Eintrag des Reparaturbetriebs
im Adressbuch von 1937

arbeiter aus Frankreich und Griechenland bei Salamander beschäftigt worden. Wie diese »Verträge« zustande kamen, weiß ich. In Frankreich erhielten viele Männer einen Arbeitseinsatzbefehl. Alle wussten, dass es bedeutete, nach Deutschland geschafft zu werden. Wenn sie nicht in der Gendarmerie erschienen, wurden sie geholt und zwangsweise nach Deutschland gebracht, nicht selten wegen ihres Widerstands gleich in ein Konzentrationslager. Um nicht verschleppt zu werden, mussten sie untertauchen. Einen solchen Arbeitseinsatzbefehl erhielt zum Beispiel Emil Dortort, ein Jugendlicher, der als Emigrant im Schloss La Hille unter der Obhut des Schweizer Roten Kreuzes Asyl genoss. Er folgte dem Befehl. Weil er Jude war, hat man ihn nicht zur Arbeit nach Deutschland gebracht, sondern umgehend in ein Vernichtungslager.

Griechen habe ich im Haus in der Köpenicker Straße nicht gesehen. Die Bedingungen in Griechenland werden nicht anders als in Frankreich gewesen sein. Das war der Wissensstand 1999. Heute weiß ich, dass Salamander damals, als ich täglich die Werkstatthalle betrat, in den Firmenbetrieben insgesamt rund 4500 Deutsche beschäftigte und 2097 Zwangsarbeiter. Der Historiker will davon nichts gewusst haben, dabei hat er selbst 1958 eine Liste über die 2097 Personen in seiner Firmengeschichte veröffentlicht, bezeichnet sie aber nicht als Zwangsarbeiter.

Im Herbst 2011 hatte ich Gelegenheit, in Kornwestheim über Zwangsarbeit zu sprechen. Hanspeter Sturm war einige Monate vorher verstorben, aber Frau Saverschek saß in der ersten Reihe und hörte mir zu. Nach der Diskussion zu meinem Vortrag nahm sie mich beiseite und sagte, man konnte doch gar nicht alles wissen, was in den einzelnen Betrieben der Firma geschah.

Ich brach das Gespräch ab und wandte mich anderen Leuten zu, die mir auch etwas sagen wollten. Frau

Saverschek ist nicht irgendwer in Kornwestheim. Sie war, als ich mit ihr sprach, Stadträtin. Ihre Unkenntnis der Salamander-Geschichte ist bedauerlich. Die Äußerung »zusammenfabuliert« habe ich ihr übel genommen. Ein Wort der Entschuldigung hatte ich erwartet.

Ich bekam im Dezember 1944 die Aufforderung, im Reparaturbetrieb von Salamander in der Köpenicker Straße 6a–7 zu erscheinen. Ich konnte mich nicht widersetzen, denn meine jüdische Mutter war noch immer zu Hause und mein Vater, der kein Jude war, befand sich in einem Lager der Organisation Todt, weil er sich weigerte, sich von seiner Frau scheiden zu lassen. Ich musste in der Köpenicker Straße erscheinen, sonst hätte ich uns in große Gefahr gebracht.

Ich verbrachte die Monate bis zum Ende des Krieges und des Nazi-Regimes bei Salamander, nur die letzten Tage in einer kleinen Lederbude in der Linienstraße. Um diese Zeit haben acht Millionen Männer und Frauen in Deutschland Zwangsarbeit geleistet. Das ist die niedrigste statistische Zahl. Nach anderen Angaben können es 12 bis 14 Millionen oder sogar 20 Millionen gewesen sein, die Kriegsgefangenen mitgerechnet – bei 80 Millionen Einwohnern.

Ich gehörte bis zur Befreiung zu den Zwangsarbeiterinnen und Zwangsarbeitern, ich war 16 Jahre alt, wurde im Februar 17 und war eine der acht oder mehr Millionen im Land, eine von 300 000 in Berlin. Bei Salamander war ich zusammen mit polnischen Schuhmachern, mit Serbinnen, mit jüdischen Frauen aus »Mischehen«, mit »Halbjüdinnen« und mit den bereits erwähnten französischen Kriegsgefangenen. Ich sah auch sowjetische Kriegsgefangene, die aber in einer anderen Halle arbeiteten. Wir wurden von SS bewacht, zur Arbeit angetrieben und manchmal auch misshandelt.

Ich musste sehr schnell arbeiten, um die Schuhmengen, die mir zugeschoben wurden, abzutragen. Ich hatte keine Zeit zum Denken. Dennoch fiel mir auf, dass an den Schuhen nichts markiert war. Nichts wies darauf hin, wem das Schuhpaar, das ich in der Hand hielt, gehörte und was genau zu reparieren in Auftrag gegeben worden war. Ich musste erst prüfen, ob eine Reparatur nötig war und was eventuell gemacht werden musste. Und keiner der Schuhmacher, keine der Frauen, zu denen ich die Karren mit den sortierten Schuhen schob, markierte, was gemacht worden war und beim Abholen der Schuhe zu bezahlen sein würde. Anfangs fand ich das sonderbar, schnell wurde mir aber klar: Niemand wird die Schuhe abholen und bezahlen. Es waren Schuhe ohne Besitzer. Und ich fragte mich: Woher kommen diese Schuhe?

Ich wusste, dass es KZs gab und dass in den Lagern Häftlinge zu Tode kamen. Die verbotenen Sender, die meine Mutter nachts einschaltete, verbreiteten es, und ein Freund meiner Eltern, der in den dreißiger Jahren Häftling in Sachsenhausen gewesen war, erzählte es. Von dem industriell betriebenen Massenmord habe ich erst später erfahren. Auch wenn ich das Ausmaß der Vernichtung noch nicht kannte, bei der Menge von Schuhen, die ich zu sortieren hatte, kam in mir eine leise Ahnung auf, dass sehr viele Menschen in den Lagern umkamen und dass ich mit Schuhen von Toten hantierte.

Die Hinterlassenschaft der Deportierten in den Lagern bestand aus dem Gepäck, das ihnen bei der Ankunft auf der Rampe abgenommen worden war, und dem Letzten, was sie vor der Gaskammer auszuziehen hatten. Alles wurde ihnen genommen, sogar ihre Haare. Es gab zwei Depots für die, wie es bei der SS hieß, »Altwaren«, in den SS-Standortverwaltungen Lublin und Auschwitz. Das Raubgut kam in Effektenkammern zur »Entwesung«

(Desinfizierung) und Lagerung. Große Mengen von Hinterlassenschaften gab es außerdem in Ghettos und Durchgangslagern.

Über das Depot von Lublin gibt es Forschungsergebnisse. In Lublin lagerten 1,5 bis 1,8 Millionen Paar Schuhe aus Bełżec, Sobibór und Treblinka und mindestens 200 000 Paar Schuhe aus Majdanek. Die Lager füllten sich ab 1942, als ununterbrochen Deportationszüge in Richtung Osten fuhren. In 20 Monaten, von Mai 1942 bis Dezember 1943, fuhren 211 Eisenbahnwaggons nach Deutschland – mit 164 000 Paar Schuhen: mit 111 000 Paar Frauenschuhen, 31 000 Paar Männerschuhen, 22 000 Paar Kinderschuhen. (AnSu S. 605 und 607).

Nicht nur Schuhe, sondern alles, was die SS den Deportierten raubte, sollte verwertet werden. »Verwertung« war ein viel gebrauchter Standardbegriff. In diesen 20 Monaten – Mai 1942 bis Dezember 1943 – fuhren 2900 Waggons mit »Altwaren« aus Lublin ab und für weitere 1000 Waggons lagerte noch Raubgut im Depot. (AnSu S. 607) Über das Depot von Auschwitz gibt es keine Zahlen. Nur eines weiß man: Dort lagerte viel mehr, sehr viel mehr. Ich habe das Foto vor Augen, das die Rote Armee bei der Befreiung von Auschwitz gemacht hat. Es ging durch die Weltpresse: ein offenes Hallentor, aus dem Schuhberge herausquellen.

Bei der Verwertung der Schuhe unterschied man die noch tragbaren von den nicht mehr tragbaren. Von beiden Schuhsorten erhielt Salamander Lieferungen. Davon zeugt folgender Umstand: Salamander ergriff besondere Maßnahmen zur »Entwesung«, das heißt zur Desinfizierung des Materials aus Konzentrationslagern, das in ihre Fabrik geliefert wurde. Das Verzeichnis des Maschinenbestands, der bei Bombenangriffen zerstört wurden war, dokumentiert für Februar 1944 eine »Entwesungsanlage« der Firma

Degesch, die Salamander 1943 angeschafft hatte. Degesch stellte nicht nur Entwesungsanlagen her, sondern lieferte auch das zum Betreiben der Anlage benötigte Zyklon B – eben jenes Blausäuregas, das in die Gaskammern geschüttet wurde. (AnSu S. 672/673)

Die Firmenleitung von Salamander kaufte die Anlage, die sie für die Verwertung der erhaltenen »Altwaren« brauchte, nachweislich bei Degesch und muss von ihnen auch Zyklon B erhalten haben. Wie sonst hätte die Anlage genutzt werden können?

Die noch tragbaren, eventuell reparaturbedürftigen Schuhe, die Salamander geliefert wurden, kamen – wahrscheinlich nach der »Entwesung« in der Degesch-Anlage – in den Reparaturbetrieb in der Köpenicker Straße.

Salamander war auch an den nicht mehr tragbaren Schuhen interessiert. Sie wurden in ihre Bestandteile zerlegt: Gummi, Leder, Textilmaterial wurden getrennt, denn das war wertvolles, wieder verwertbares Rohmaterial für die Lederfaserwerkstoffe im Türkheimer Werk.

Das Trennen war Handarbeit, die von Trennkommandos, von KZ-Häftlingen, geleistet wurde. Dafür zuständig war der Direktor des Lederfaserstoffwerks in Türkheim, Robert Eichenlaub. Er setzte in der Fachabteilung LFWS durch, dass das Trennen per Hand erfolgte. Beim Einsatz von Maschinen ginge zu viel Material verloren. Die Handarbeit sei zwar aufwändig, aber die Häftlinge stünden ja in unbegrenzter Menge zur Verfügung.

In den Reparaturbetrieb gelangten die noch tragbaren Schuhe. Sie wurden auf schweren Karren durch die Halle in der vierten Etage geschoben. So kamen sie an den Platz, an dem ich sie sortierte. Ich bin Zeugin in dieser Sache. Die fehlende Markierung, die nicht feststellbaren Eigentümer der Schuhe und die nicht berechneten Kosten für Reparaturen sind ein Indiz, dass die Schuhe keinen normalen

Weg genommen haben, nämlich den vom Besitzer zu einer Reparatur-Annahmestelle und zurück zum Besitzer. Wenn jemand die Absicht hat, dies zu bestreiten, muss er beweiskräftige Dokumente für eine seriöse Herkunft der Schuhe vorlegen.

Ein Gedanke geht mir durch den Kopf. Halbschuhe von Männern und Frauen haben wir bei Salamander repariert, keine Stiefel, keine Kinderschuhe. Ich ziehe von den 164 000 Paar aus Lublin die 22 000 Paar Kinderschuhe und eine gewisse Menge von Stiefeln ab und gehe von 120 000 Paar aus, die in 20 Monaten von Lublin fortgeschafft wurden. Ich stelle mir das Undenkbare vor, dass sie alle in Berlin ankamen, und mache eine andere Rechnung auf: Großzügig minimiert waren es 120 000 Paar Schuhe, geteilt durch 20 Monate, das sind 6000 Paar im Monat, durch ebenfalls großzügig minimierte 25 Arbeitstage geteilt, ergibt das 240 Paar täglich. So viele Schuhpaare sind bestimmt jeden Tag durch meine Hände gegangen.

Schockierend ist die Menge. So viele Männer- und Frauenschuhe, wie in zwanzig Monaten aus Lublin fortgeschafft wurden, sind in derselben Zeit in der Köpenicker Straße von mir sortiert worden. Diese Zahlen beschäftigen mich, weil ich manchmal das unsinnige Gefühl hatte, Schuhe meiner deportierten Verwandten in der Hand zu halten.

Sowjetische Kriegsgefangene im Reparaturbetrieb

In Akten des Landesarchivs Berlin habe ich gelesen, dass Friedrich Schwarz Chef der Zweigniederlassung Berlin war. Ihm stand das Verwaltungsgebäude in der Königstraße 46/47, Berlin C2, zur Verfügung. Friedrich Schwarz war bei der Gründung der Aktiengesellschaft 1930 zum Prokuristen bestellt worden und wurde 1934 Vorstandsmitglied im Aufsichtsrat. Er besetzte eine durch Salamanders »Selbstarisierung« freigewordene Stelle. Fortan tauchte er in Dokumenten als Fabrikdirektor auf. Mir ist nicht bekannt, dass es in Berlin eine Fabrik von Salamander gegeben hätte. Die Fabrik, deren Direktor Friedrich Schwarz war, kann eigentlich nur der Reparaturbetrieb gewesen sein. Schwarz war auf jeden Fall als Berliner Direktor der Chef der Zwangsarbeiter in der Köpenicker Straße. Ich habe ihn nie gesehen. Keiner von Salamander hat sich während meiner Zeit dort sehen lassen. Wir hatten es nur mit der SS zu tun.

Ich mache den Chef Friedrich Schwarz verantwortlich für den Zwang, dem wir ausgesetzt waren, für die Bewachung durch die SS, für die Angst wegen der Drohung, man werde uns »ins Lager schicken«, und dafür, dass er die Misshandlung duldete, die mir widerfuhr und dem Mädchen am anderen Ende der Halle, das noch ein halbes Jahr junger war als ich. Ich lege Friedrich Schwarz zur Last, dass er nicht dagegen einschritt, dass die sowjetischen Kriegsgefangenen mittags nur ein paar Kartoffeln bekamen. Direktor Schwarz kann sagen, er habe nie gesehen, wie es in der Köpenicker Straße zuging. Dann hat er seine Verantwortung als Chef nicht so wahrgenommen, wie man es erwarten kann. Die übliche Entschuldigung »nichts gewusst« lasse ich nicht gelten.

Jeden Tag gingen wir an den sowjetischen Kriegsgefangenen vorbei. Mittags durften wir unseren Arbeitsplatz verlassen und durch die Halle zu einer Kantine gehen, wo man uns eine Suppe gab. Die Kantine befand sich hinter einem Treppenaufgang. Wir gingen von der Hallentür zur gegenüberliegenden Kantinentür. Auf dem Boden des Treppenpodestes saßen täglich um diese Zeit russische Kriegsgefangene, wie sie von allen genannt wurden, etwa acht oder zehn ganz junge Männer, sehr mager. Der Hunger stand ihnen ins Gesicht geschrieben. Sie arbeiteten in einer anderen Etage und wurden mittags in unsere vierte Etage geführt. Ein SS-Mann warf ihnen Kartoffeln hin, so wie man Tiere füttert. Für jeden ein paar Kartoffeln.

Es war unmöglich, ihnen irgendetwas zu geben. Wir gingen dicht an ihnen vorbei, einzeln, weil von ihren Füßen bis zu den Treppenstufen nicht mehr als ein halber Meter Platz war. Zwei SS-Männer standen an der Treppe mit vorgehaltenem Gewehr und passten auf, dass nichts zu Boden fiel, nicht einmal ein Zettel. Wir konnten in der Kantine auf Bänken sitzen, wir bekamen eine Schale mit warmer Suppe. Der Geruch von etwas Gekochtem drang zu denen, die auf dem Boden saßen, eine Misshandlung eigener Art. Ich schämte mich, die Suppe zu essen, aber ich war auch hungrig.

5,7 Millionen Rotarmisten gerieten in Gefangenschaft, etwa 3,3 Millionen von ihnen starben. Es war nicht geplant gewesen, in den zu erobernden Gebieten der Sowjetunion Gefangene zu machen. Eigentlich sollte ein möglichst menschenleerer Raum für ein »deutsches Siedlungsgebiet« geschaffen werden. Männer und Frauen wurden als Zwangsarbeiter »ins Reich« verschleppt. Außerdem setzte sofort eine Massenvernichtung von Zivilisten in allen eroberten Gebieten der Sowjetunion ein. Alle Kriegsgefangenen im Frontgebiet umzubringen war nicht möglich. Und dann waren sie da und man wollte sie loswerden. Zum Beispiel durch Hunger. Es gab eine Weisung der SS, den Gefangenen so wenig Nahrung zu geben, dass sie langsam sterben. Der Hunger war neben der Zwangsarbeit eine tödliche Waffe. Offensichtlich hielten sich alle Stellen, die sowjetische Kriegsgefangene in Lager sperrten oder zur Arbeit einsetzten, weitgehend an diese Weisung. Das Ergebnis – 3,3 Millionen Tote, mehr als die Hälfte der Gefangenen.

Der Nazi-Staat hat die sowjetischen Gefangenen nicht, wie es das Völkerrecht vorschreibt, als Kriegsgefangene anerkannt. Und den SS-Männern in der Berliner Salamander-Werkstatt wurden die sowjetischen Kriegsgefangenen als rechtlose Personen überlassen. Sie waren der Willkür ausgesetzt.

Die SS-Bewacher in der Köpenicker Straße bildeten allem Anschein nach keine löbliche Ausnahme, sondern taten, was man von ihnen erwartete. Es ist unklar, ob die acht oder zehn jungen Rotarmisten in ihre Heimat zurückkehrten.

Zwangsarbeiterlager von und für Salamander

Die Salamander AG unterhielt für ihre Zwangsarbeiter auch eigene Lager in Berlin. Davon ist in keiner Schrift des Historikers die Rede. Verschweigen ist eine Form von Leugnen. Der Schreiber kennt die Fakten. Beim Verschweigen spricht er sie nicht aus, beim Leugnen nennt er sie und gibt sie als nicht existent aus.

Ein Lager betrieb Salamander in der Körnerstraße 19 und eins, zusammen mit der Schuhfabrik Leiser, in der Linkstraße 29. Beide befanden sich im Zentrum der Stadt, in der Nähe des Potsdamer Platzes. Die Linkstraße gibt es nicht mehr, von ihr blieben nur Trümmer übrig, die nach dem Krieg weggeräumt wurden. Das Haus in der Körnerstraße wurde ebenfalls durch Bomben zerstört. Hier hatte Salamander Unterkünfte für Polen eingerichtet. Das belegt der Antrag von Friedrich Schwarz auf Entschädigung, gerichtet an das Kriegsschädenamt. Darin heißt es:

»Unser Arbeitslager für Polenarbeiter im Haus Berlin W 30, Körnerstraße 19, ist bei dem Terrorangriff am 19. Januar 1944 durch Brandbomben zerstört worden. Dabei ist die gesamte Einrichtung ebenfalls vernichtet worden und wir senden Ihnen anbei eine Aufstellung mit der Bitte, den Betrag von RM 21 546,20 auf unser Postscheckkonto Berlin 9500 zu überweisen.« **[Abb. 14 → 82]**

Zweitschrift !

26

SALAMANDER
AKTIENGESELLSCHAFT
ZWEIGNIEDERLASSUNG BERLIN

FERNSPRECHER: SAMMELNUMMER 52 55 11 · TELEGRAMM-ADRESSE: SALAMANDERSCHUH · POSTSCHECKKONTO: BERLIN 9500
BANKKONTO: DEUTSCHE BANK
DEPOSITENKASSE G2, BERLIN C2, KÖNIGSTRASSE 43-44
RF-NR. 2/0250/4108 · 0/0250/4108

K/Ha.

BERLIN C2, DEN 14. 4. 44
KÖNIGSTRASSE 46-47

An den

Herrn Oberbürgermeister
der Reichshauptstadt Berlin
-Kriegsschädenamt-

B e r l i n
Königstrasse

Betr.: Fliegerschäden.

Unser Arbeitslager für Polenarbeiter im Hause Berlin W 30, Körnerstrasse 19, ist bei dem Terrorangriff am 29. Januar 1944 durch Brandbomben zerstört worden.

Dabei ist die gesamte Einrichtung ebenfalls vernichtet worden und wir senden Ihnen anbei eine Aufstellung mit der Bitte, den Betrag von RM 21.546.20 auf unser Postscheckkonto Berlin 9500 zu überweisen.

Mit deutschem Gruss

S a l a m a n d e r A. G.
Zweigniederlassung Berlin

Anlage.

Abb. 14
Meldung des Bombenschadens
im Zwangsarbeiterlager Körnerstraße 19

In einem anderen Brief wird die Körnerstraße 19 als »unser Polenlager« bezeichnet. »Unser Arbeitslager«, »unser Polenlager« — bekanntlich ist »unser« ein besitzanzeigendes Wort. Damit belegt Friedrich Schwarz, dass es diese Unterkunft für polnische Zwangsarbeiter gab und wer sie unterhielt.

Aufschlussreich ist die Bezeichnung »Arbeitslager«. Es wurde nicht einfach als eine Unterkunft für die polnischen Schuhmacher betrachtet, sondern als Lager zum Zweck der Arbeit. Für die zwangsweise Ausnutzung der Arbeitskraft ist das Lager eingerichtet worden, nicht als Wohn- und Lebensbereich der Polen. Das ist die Denkweise des Direktors und Vorstandsmitglieds der Salamander AG. Auf »Terrorangriff« weise ich nur hin. Terror haben immer nur die anderen verübt, nicht sie selbst.

Das »Polenlager« war ganz sicher die Unterkunft für die polnischen Schuhmacher, die die Schuhe reparierten, die ich für die verschiedenen Arbeiten sortierte und ihnen auf Karren zuschob. Wer in der Linkstraße untergebracht war, weiß ich nicht. Es gibt über dieses Lager nur die Eintragung in der von Bernhard Bremberger erstellten Liste der Berliner Zwangsarbeiterlager, von denen es ungefähr 1000 gegeben hat. [Abb. 15 →84] Eins davon an unserer Straßenecke, nur hundert Meter von unserem Haus entfernt. Eine Baracke für ein paar Dutzend Männer. Die Frau, von der wir unser Haus gekauft haben, erinnerte sich daran, dass die Baracke als Unterkunft für Zwangsarbeiter aufgestellt wurde. Wer erinnert sich sonst noch an solche Lager? An die zahlreichen kleinen und an die großen für hunderte und tausende Zwangsarbeiter? Eintausend Lager in Berlin, an sehr vielen Ecken und auf großen Flächen, das war nicht zu übersehen.

Kriegsgefangene haben generell in Industrie und Landwirtschaft gearbeitet. Das haben sie nicht freiwillig getan.

Mitte/Kreuzberg/Tiergarten Seite 2 von 18

Mitte/Kreuzberg/Tiergarten Seite 1 von 18

Mitte/Kreuzberg/Tiergarten

Eingangsseite

Lagerstandorte

Standesamt

BerlinerInitiative

In den Archiven des Internationalen Suchdienstes in Bad Arolsen befindet sich die Akte "ISD-Ordner KZD-Berlin 80" Diese enthält Schriftverkehr zwischen dem Berliner Polizeiamt Mitte und dem Gesundheitsamt des Berliner Bezirks Kreuzberg. Aufgrund der Verfügung des Polizeipräsidenten - Abt. V. - vom 20. August 1941 - V 3501/26/41 - (die ich noch nicht recherchieren konnte), stellte das Polizeiamt Mitte alle ein oder zwei Monate eine "Liste der Lager ausländischer Zivilarbeiter" im Zuständigkeitsbereich zusammen. Anfangs sind in dieser Akte die Lager für die Bezirke Tiergarten, Mitte und Kreuzberg genannt (das Areal wird ungefähr markiert durch Plötzensee, Zoologischer Garten, Hasenheide, Schlesisches Tor, Alexanderplatz und Ackerstrasse), später nur sind nur Auszüge enthalten die Kreuzberg betreffen; die Listen gehen nicht bis Kriegsende.

Mitte/Kreuzberg/Tiergarten Seite 18 von 18

W 62	Budapester Str.	36	Zoo
W 8	Französische Str.	21	A.E.G. Brunnen- u. Ackerstr.
W 8	Friedrichstr.	79 a (auch Nr. 79)	Aschinger AG, N 58, Saarbrücker Str. 34/38
W 8	Jägerstr.	65	AEG Kabelwerk Oberspree
W 8	Jägerstr.	68	Transportstandarte Speer
W 8	Jägerstr.	70	Neue Kirchengemeinde
W 8	Krausenstr.	40	Adressograph-Multigraph GmbH, W 9, Lennestr. 2
W 8	Kronenstr.	70	Jerusalems- und Neue Kirchengemeinde
W 8	Leipziger Str.	97-98	Elha-Werke *Faupel & Haake* Britz, Tempelhofer Weg 50/70
W 9	Lennestr.	8, *"Wohnlager auswärt. Arbeiter d. Reichshauptstadt Berlin"*	Reichshauptstadt Berlin
W 9	Linkstr.	29	Salamander-Schuhe, SO 36, Köpenicker Str. 6-7 [nicht in A42]
W 9	Potsdamer Str.	33 *"Tschechenheim"*	Fritz Werner A.G., Bln.-Marienfelde
W 9	Schellingstr.	2	Heinrich Exner, *Baumaterial*, Lichtenberg, Frankf. Allee 112
W 9	Tirpitzufer	12-14	Transportstandarte Speer, Legion Löwe, Kronprinzenufer 11
	Kr. Gef. Arb. Kdo 109		Aug. Scherl Nachf., Berlin SW 68

[Eingangsseite] [Lagerstandorte] [Standesamt] [BerlinerInitiative] [MailingListe] [Literatur] [Archiv] [Autor]

Abb. 15
Das Zwangsarbeiterlager Linkstraße 29
in der Liste von Bernhard Bremberger

Sie lebten unter erträglichen oder unerträglichen Bedingungen. Das hing von den Menschen ab, die ihnen die Arbeit zuwiesen, und von der Armee, der sie angehörten. Die Franzosen, zum Beispiel, hatten die Chance, die Gefangenschaft durchzustehen, die sowjetischen Soldaten waren schlechter dran. Nebenbei bemerkt: Man kann nicht von »den Russen« wie von »den Franzosen« sprechen, denn in der sowjetischen Armee kämpften Menschen sehr verschiedener Nationalität, unter anderem auch Russen.

Zwangsarbeiterlager gab es auch in Kornwestheim.

In dem Artikel »Eine kleine Stadt« von Hanspeter Sturm kommt ein Kriegsgefangenenlager vor und ein »Russenlager«. Es heißt dort: »Wenig wusste man in jener Zeit von den Kriegsgefangenen und in den besetzten Ländern Angeworbenen. Eine hohe Zahl von ihnen war am Ort tätig. Die Männer, die im Kriegseinsatz standen, wurden von ihnen, es waren Männer und Frauen aus ganz Europa, am Arbeitsplatz ersetzt. Dabei war der Ausgangspunkt das sogenannte Stammlager, kurz Stalag genannt, mit der römischen Bezeichnung V. Es stand auf dem der Stadt nahegelegenen Exerzierplatz [...]. Hier waren 1941 20000 Franzosen, 2000 Belgier und mehrere tausend russischer Kriegsgefangener untergebracht, eine genaue Zahl ließ sich nach dem Zweiten Weltkrieg und der Auflösung dieses Stalag V nicht feststellen. Die gesamte Umgebung wurde aber hier mit Arbeitskräften versorgt, soweit diese nicht bei den örtlichen Landwirten direkt in der Familie lebten oder aber westlich der Stadt in einem weiteren Lager, dem sogenannten Russenlager, untergebracht waren. Das besonders deswegen gefährdet war, weil es neben einem für die alliierten Luftangriffe strategisch wichtigen Landesverschiebebahnhof lag.«

Zu diesem Text ist so viel zu sagen, dass ich nicht weiß, wo ich anfangen soll. Sturm erwähnte in dem Gespräch mit dem Reporter Weidermann Kriegsgefangene und Vertragsarbeiter, die Salamander beschäftigte. In dem Artikel über die kleine Stadt, Kornwestheim, erfahren wir, dass er wusste, dass es Lager für diese Menschen gab, und zwar sehr große Lager: auf dem Exerzierplatz und am Verschiebebahnhof, für viele Franzosen und Belgier und für mehrere tausend »Russen«. Das ließ sich in seiner kleinen Stadt, in der der Artikel erschien, nicht leugnen, zumal die in den Lagern Untergebrachten in der ganzen Umgebung arbeiteten. Daran erinnert sich garantiert jeder, der damals in Kornwestheim wohnte, es war das Doppelte der Einwohnerzahl.

Die meisten arbeiteten gewiss in der Schuhfabrik. Die Lager bestanden wesentlich als Arbeitskräfte-Reservoir für Salamander.

Den Widerspruch, dass man wenig über die Kriegsgefangenen und Zwangsarbeiter wusste, dass aber eine große Zahl von ihnen in Kornwestheim und in der Umgebung der Stadt arbeitete, klärt Sturm nicht auf. Vielleicht bemerkte er ihn gar nicht.

An Zwang braucht man natürlich auch hier nicht zu denken, wenn man Sturms Artikel liest. Die einen sind, wie das so passiert im Krieg, in Gefangenschaft geraten, die anderen, Männer und Frauen aus ganz Europa, wurden friedlich geworben. Sie alle nahmen die Plätze der fehlenden Arbeiter ein. Dann ging es ihnen wohl nicht schlecht. Und den Leuten der Stadt und der Umgebung auch nicht, denn sie wurden mit Arbeitskräften »versorgt«. Manche lebten sogar in den Familien der Bauern. Alles sehr einvernehmlich.

Nur die »Russen« im Lager am Verschiebebahnhof waren gefährdet, weil das ein besonderes Ziel für die Bomben der Alliierten war. Die Flieger der Alliierten gefährdeten die Gefangenen, nicht etwa die Deutschen, die sie gefangen hielten. Nicht etwa die SS-Bewacher, die ihnen nicht genug zu essen gaben. Warum konnte Sturm keine ungefähre Zahl dieser Gefangenen angeben, so wie für die Franzosen und Belgier? Tausende sollen es im Stammlager gewesen sein, für das Lager am Verschiebebahnhof gibt es nicht einmal einen Hinweis auf die Zahl. Sie brauchten nicht gezählt zu werden, ihre täglichen Rationen mussten nicht berechnet werden, denn die Zahl verringerte sich laufend. Wie viele von diesen Gefangenen sind verhungert? Mehr als die Hälfte? Man denke an die 3,3 von 5,7 Millionen.

Kornwestheim, das betone ich noch einmal, das ist Salamander. Der Name der Firma leuchtet am Abend in riesigen grünen Buchstaben an dem 130 Meter langen Gebäudekomplex entlang der Bahn. Der Bahn mit dem Verschiebebahnhof.

Die deutschen »Herrenmenschen« verweigerten den sowjetischen Kriegsgefangenen den völkerrechtlichen Status der Kriegsgefangenen. Sie betrachteten sie als bestenfalls zur Sklavenarbeit nützliche »Untermenschen«. Man ließ sie schwere Arbeiten verrichten bis zur völligen Erschöpfung. Mancher Firmenchef beklagte sich bei den Behörden, dass man ihm Männer schicke, die bei der Arbeit umfallen, mit solchen Kräften könne er nichts anfangen.

Als das Ende des Regimes der »Herrenmenschen« nahte, sollten die Spuren ihrer Verbrechen beseitigt werden. Die Lager mit sowjetischen Gefangenen wurden geräumt. Wohin mit den »Russen«? Die Franzosen und Belgier mögen überlebt haben und nach Hause gekommen sein. Die »Russen« im Stammlager und im Lager am Verschiebebahnhof sind nicht, wie international üblich, aus der Kriegsgefangenschaft entlassen worden, damit sie in die Heimat zurückkehren konnten. Viele werden in Massengräbern liegen, sofern sie nicht auf einem Todesmarsch starben. Sie wären zu lästigen Zeugen geworden. Irgendwo in der Umgebung von Kornwestheim kann es Massengräber geben. Mir ist nicht bekannt, dass danach gesucht wurde.

Vor einigen Jahren kamen zwei russische Frauen nach Kornwestheim, um das Grab eines Toten zu suchen, der 1941 in Gefangenschaft geriet und 1943 starb. Sie meinten, es müsse ein Gräberfeld geben und einfache Kreuze mit einem Namen. Der Tote, dessen Grab sie suchten, war ja nicht irgendwo im Kampf getötet worden. Sie fanden kein Grab.

Das Lied von Pete Seeger, das Marlene Dietrich sang trifft auch hier zu: Sag mir, wo die Männer sind. Wo sind sie geblieben? Weht der Wind über Gräber in Kornwestheim?

»Schützende Hände«

Die Nürnberger Gesetze legten fest, wer Jude, Halbjude, Vierteljude sei und noch weiteren unsinnigen Kategorien zugeordnet werden müsse. Menschen, die es betraf, waren gefährdet und brauchten Schutz.

In seinen Artikeln über eine »kleine Stadt« und über »schützende Hände« hat Hanspeter Sturm unter anderem dieses Problem mit Bezug auf Salamander und Kornwestheim dargelegt.

Sturm schreibt eine kurze Bemerkung zu den emigrierten leitenden Mitarbeitern der Firma. Die Männer in Haffners Vorstand, erklärt er, hätten die Verbindung zu den emigrierten Juden der oberen Leitungsebene gehalten und deren Interessen gewahrt, was man als Schutz für zurückgelassenes Eigentum und für ungelöschte Rechte verstehen kann. Ausführlicher legt er dar, was für Männer der mittleren Ebene getan wurde, aber ohne Nachweise.

»Was geschah den jüdischen Angehörigen der Firma, die im mittleren Management tätig waren, am Ort wohnten und nicht auswanderten? Man wird es nicht glauben, aber es ist historisch, dokumentarisch und von den Überlebenden her gesehen von persönlichen Aussagen auch heute noch nachvollziehbar: Nichts geschah. Das schwäbische Unternehmen legte seine schützende Hand über die

Juden. Sie blieben während des ganzen Zweiten Weltkriegs in der Stadt, ohne Eingriffe.« (klSt)

Zunächst eine Bemerkung: Das Problem des Überlebens der Juden, des Lebens »ohne Eingriffe« hat mit dem Krieg nichts zu tun. Geschützt und gerettet werden mussten Menschen wegen der Nazis mit ihrer Rassenideologie und ihres Programms der Vernichtung der Juden Europas. Wenn Sturm schreibt, es habe keine Eingriffe »während des ganzen Zweiten Weltkriegs« in seiner Stadt gegeben, führt er die Leser vom eigentlichen Problem weg. Er vermeidet es, auf diejenigen, die gefährliche »Eingriffe« vornahmen, auf die Täter hinzuweisen. Der Krieg tritt bei Sturm als eine Größe auf, mit der man im Unbestimmten bleiben kann. Eine typische Form der Manipulation. Außerdem ist die Begrenzung der Gefahr auf die Kriegsjahre falsch, denn die Verfolgung von Juden setzte bereits 1933 ein. Der Satz von Sturm müsste, wenn er historisch genau sein soll, unbedingt heißen: »[...] während der ganzen Nazi-Zeit«.

In Kornwestheim hat Hanspeter Sturm nur vier Juden gefunden und die seien geschützt worden, natürlich von Salamander unter der Leitung von Generaldirektor Haffner. Außerdem habe es im Kornwestheimer Rathaus »schützende Hände« gegeben.

Er berichtet Folgendes:

Für die bedrohten Juden gab es in Kornwestheim zwei Listen. In einer Liste der NSDAP waren 1938 aufgeführt: Fritz Cahn, Else Kieferle, Julius Löw und das Ehepaar Hugo und Rosa Spenadel. Diese Liste wurde wegen des vorgesehenen Pogroms vom 9. November geschrieben und verbreitet. In einer zweiten Liste, die 1942 von der Ortspolizei Kornwestheim angefertigt wurde, standen die Namen Julius Löw und Else Kieferle, außerdem Michael Wolff und Frida Singer. Diese Liste trägt das Datum vom 1. April

1942, sie wurde kurz nach der Wannsee-Konferenz angefertigt, die am 20. Januar 1942 in einer Villa am Wannsee, am Stadtrand von Berlin, stattgefunden hatte. Auf der Wannsee-Konferenz war festgelegt worden, wie die »Endlösung der europäischen Judenfrage« zu organisieren sei und um wie viele Juden es sich handelte. Elf Millionen Juden sollten liquidiert werden. Eine »Endlösung« durchzuführen stand bereits Monate zuvor fest. Es ist daher anzunehmen, dass die Kornwestheimer Liste von 1942 für die bevorstehenden Deportationen gebraucht wurde.

1938/1939 verzeichnete die Stadt Kornwestheim sieben Juden. Das müssen Frida Singer, Julius Löw, Michael Wolff, Else Kieferle und das Ehepaar Hugo und Rosa Spenadel und ihr Sohn Kurt gewesen sein. Es gab eine Volkszählung. Die Einwohner wurden nach ihrer Religionszugehörigkeit gezählt und nur zahlenmäßig ermittelt. Die Juden stehen in dieser Statistik neben Katholiken und Protestanten in der Rubrik »Glaubensjuden«. Nach dem Pogrom vom November waren sich die Juden bewusst, dass es gefährlich war, als »Glaubensjude« registriert zu werden. Sie konnten es umgehen, indem sie konvertierten. Offensichtlich waren sie als katholisch oder protestantisch erfasst worden. Ich denke, in Kornwestheim wurden darum nur sieben Juden angegeben. Von denen lebten dort, als die Deportationen begannen, nur noch Frida Singer, Julius Löw, Michael Wolff und Else Kieferle. Fritz Cahn und die Spenadels emigrierten vor Kriegsbeginn.

Die Liste von 1942 ist die Grundlage für Sturms Behauptung, dass es nur vier Juden in Kornwestheim gegeben hätte und dass sie durch die Firma Salamander und von prominenten Personen Kornwestheims geschützt wurden.

Sturm skizziert die einzelnen Schicksale: Frida Singer, Julius Löw, Michel Wolff. Und er nimmt Oskar Epstein hinzu, der auf keiner der beiden Listen stand. Else Kieferle hingegen erscheint nicht bei Sturm. Die Zahl vier stimmt mit der Liste von 1942 überein, aber die Namen sind nicht dieselben. Sturm gibt über das Schicksal der vier von ihm genannten Juden folgende Auskunft.

Das Beispiel Frida Singer

Ich zitiere Sturm unkorrigiert: »Die erstaunlichste Feststellung war bei einem Arier dieser Stadt zu treffen. Er war mit einer Halbjüdin verheiratet. Der Arier, kaufmännischer Abteilungsleiter in diesem schwäbischen Unternehmen, wurde vor die Frage gestellt, ob er sich scheiden lassen wolle oder zu einer Sondereinheit eingezogen werden müsse, die im hinteren Frontgebiet des östlichen Kriegsschauplatzes Lettland, Litauen tätig war. Der Mann entschied sich für den Kriegseinsatz in einer solchen Arbeitskompanie, kam im letzten Moment aus dem Kurlandkessel zurück, während er fünf Jahre später sich von seiner Frau 1950 dann scheiden ließ.« (klSt)

Das liest sich, als sei es Walter Singer gewesen, dem schützende Hände halfen. Aber es war die Frau, Frida Singer, die des Schutzes bedurfte. Walter Singer entschied sich für den »Kriegseinsatz« in einer »Arbeitskompanie«, als sei er wie ein Soldat mit Spaten statt mit Gewehr an die Front gekommen. Deutlicher drückt Sturm diesen Vorgang in dem Artikel über die »schützenden Hände« aus:

»Dem Schicksal der Deportation entging Frida Singer durch die Haltung ihres Mannes. Walter Singer lehnte es zwar ab, sich scheiden zu lassen. Dafür erklärte er sich bereit, wenn keine Verfolgung gegenüber seiner Frau ausgeübt würde, zu einer deutschen technischen Spezialeinheit – der Organisation Todt – zu gehen. Diese Einberufung wurde durchgeführt.« (schH)

Was Walter Singer den Leuten, die ihn zur Scheidung zwingen wollten, gesagt haben soll, ist absoluter Unsinn. Sturm versucht mit einer erfundenen Darstellung des Vorgangs die Geschichte mit einem silberglänzenden Stift einzufärben. Er rechnet wohl damit, dass Jahrzehnte nach der Nazi-Herrschaft niemand mehr weiß, wie es zuging, als die SS-Führung versuchte, die »Mischehen« zu trennen.

Singer sei bereit gewesen, zu einer »technischen Spezialeinheit« zu gehen, also etwas mit Verantwortung, da ahnt man nichts Böses. Er habe den Einsatz auf sich genommen, aber eine Bedingung gestellt: Seiner Frau solle nichts passieren. Es war jedoch so: Die SS wollte im Herbst 1944 die Scheidung der »Mischehen« erzwingen und eine formalrechtliche Situation für Deportationen schaffen, um die letzten Jüdinnen und Juden, die wegen ihrer »Mischehen« einen gewissen Schutz besaßen, nun endlich in Vernichtungslager schicken zu können.

Männer wie Walter Singer hatten kein Recht, Bedingungen zu stellen. Das war undenkbar. Sie sollten nur antworten: Scheidung – ja oder nein. Bei einer Scheidung wurden die Frauen und die Kinder sofort abgeholt und deportiert. Das war die Praxis.

In Berlin sind fast 3000 Männer, die sich nicht scheiden ließen, und erwachsene Söhne aus »Mischehen« in Züge gestiegen und in ein Lager der Organisation Todt (OT-Lager) geschafft worden. Unter anderem mein Vater. Er rettete meiner Mutter und mir das Leben.

Walter Singer, schreibt Sturm, habe später erzählt, er habe entsetzliche Einsätze mitgemacht. Die Männer im OT-Lager waren Zwangsarbeiter, aber für Sturm gab es keine Zwangsmaßnahmen in Kornwestheim. Auch die Franzosen und Griechen sollen ohne Zwang für Salamander gearbeitet haben, sie wurden ja »geworben« wie Walter Singer für die Organisation Todt.

Sturm erwähnt als Letztes, dass sich Walter Singer nach dem Krieg von seiner Frau Frida scheiden ließ, um eine dreißig Jahre jüngere Frau zu heiraten. Das wirft kein gutes Licht auf diesen Mann. Es wird ihm nicht gerecht. Er verdient Achtung, weil er für seine Frau das Lager auf sich nahm. Angenommen, die Ehe war nicht harmonisch, was später zur Scheidung führte, dann ist seine Haltung in der Nazi-Zeit sogar besonders zu würdigen.

Die Organisation Todt, benannt nach Fritz Todt, ihrem ersten Chef, stand unter dem Kommando von Albert Speer. Es waren Bautrupps für Rüstungsprojekte, ursprünglich auf freiwilliger Basis zusammengestellt. Ab 1942 wurden Zwangsarbeiter und Kriegsgefangene eingesetzt, ab 1943/1944 vermehrt KZ-Häftlinge in streng bewachten Lagern. Ab Herbst 1944 kamen »Halbjuden« und Männer aus »Mischehen« in OT-Lager. Es herrschten um diese Zeit in den meisten Lagern KZ-ähnliche Bedingungen, aber die Bewachung war nicht so streng wie in den KZs, denn diese Männer hatten nicht die Absicht zu fliehen.

Ende 1944 verfügte die Organisation Todt über 300 000 Arbeitskräfte, unter anderem 14 000 Männer, die aufgrund ihrer jüdischen Ehefrauen oder ihrer jüdischen Herkunft als »wehrunwürdig« galten.

Die Organisation Todt nennt Sturm im Zusammenhang mit dem Schicksal Walter Singers eine »deutsche technische Spezialeinheit«, also nicht mit einem Häftlingskommando vergleichbar. Eine irgendwie geartete Einheit mit anspruchsvoller technischer Aufgabe sei es gewesen. Eine deutsche Einheit, betont Sturm, kein Trupp von ausländischen Zwangsarbeitern. Da Walter Singer, wie Sturm es darstellt, mit der »Einberufung« zur Organisation Todt einverstanden gewesen sei und überdies eine Bedingung gestellt habe, kann es mit dem Zwang, den die Nazis ausübten, nicht so schlimm gewesen sein. So verfälscht man Geschichte.

Das Beispiel Julius Löw

Die Angaben über Julius Löw sind spärlich. »Der am 30. Juli 1963 von einem jungen Staatsinspektor bearbeitete Dokumentationsfragebogen der Juden-Schicksale beschränkt sich auf ganz wenige Daten. Sie besagen, dass Löw am 8. November 1938 einen Tag in Haft, sogenannter Schutzhaft, war, diese am 9. November erneuert wurde und er dann von Kornwestheim aus über das Stuttgarter Gefängnis in der Büchsenstraße in das berüchtigte KZ-Lager Welzheim kam. Doch bereits im März 1938 war Löw bei der Firma Salamander als Kaufmann entlassen worden.« (schH)

In Welzheim wurde Löw bis zum 12. Dezember 1938 gefangen gehalten. Danach lebte er mit seiner Frau von dem, was sie als Heimarbeiterin verdiente. Von 1940 bis 1943 war er Hilfsarbeiter bei einer Feuerbacher Firma, ab 1943 Straßenkehrer und Müllarbeiter bei der Stadt Stuttgart, genau bis zum 7. Februar 1945.

Ich nehme an, die Feuerbacher Firma und die Stadt Stuttgart beschäftigten Löw als Zwangsarbeiter, denn »Hilfsarbeiter« war dafür die übliche »Berufsbezeichnung«. Das steht auch in meinem alten Arbeitsbuch. Ich hatte eine Handelsschule besucht und wurde anschließend Stenotypistin in einem Rüstungsbetrieb, aber Salamander hat in mein Arbeitsbuch »Hilfsarbeiterin« eingetragen.

Aufklärung über Löws weiteres Schicksal sei nötig, meint Sturm, weil Julius Löw bei einer Befragung »angab, im KZ Theresienstadt gewesen und von dort am 7. Juni 1945 nach Kornwestheim zurückgekommen zu sein. [...] Offen blieb jedoch die Frage: Löw musste sich am 12. Februar 1945 bei der Gestapo in Bietigheim melden. Und was geschah dann mit ihm?« (schH)

Nach Sturm ist es nicht sicher, dass die Angaben stimmen. Aber er veröffentlicht den Entlassungsausweis, ausgestellt am 7. Juni 1945 in Theresienstadt. Ich finde, damit ist die Frage beantwortet, ob er sich bei der Gestapo meldete und was dann mit ihm geschah. Da sich Löw nicht allein nach Theresienstadt begab und dort um Aufnahme bat, wird ihn die Gestapo mit Bewachung in einen Zug gesetzt und im KZ abgeliefert haben. Was sonst. Löw hat es so angegeben. Es gibt keinen Grund für den leisen Zweifel, den Sturm aufkommen lässt.

Für weitere Informationen hätte Sturm in Terezin/Theresienstadt nachfragen können. Dort wurden fast alle Häftlinge registriert. Im »Theresienstädter Gedenkbuch« sind die wichtigsten Daten der Häftlinge zu finden. Julius Löw, geboren am 14.4.1896, traf am 18.2.1945 in Theresienstadt ein, wenige Tage nach seiner Meldung bei der Gestapo. Löw gehörte zu den Häftlingen, die befreit wurden. Das ist unter dem Zeichen XIII/7 eingetragen.

Das Beispiel Oskar Epstein

Hier wieder ein Sturm-Zitat unkorrigiert: »Der Mechanikermeister E., der einen typischen jüdischen Namen trug, war weiterhin für die Experimente innerhalb der Firma, soweit sie die Mechanik, Chemie und Physik betrafen, verantwortlich. Und das Überraschende, sein ältester Sohn war ebenso wie sein jüngster Sohn in der Hitlerjugend. Der älteste Sohn wurde sogar mehrfach innerhalb des Banns als bester Schütze ausgezeichnet und diente – auch als Scharfschütze – innerhalb der deutschen Wehrmacht bis zum Kriegsende. Der jüngste Sohn war auf dem Gymnasium, war Hitlerjunge und rückte sogar auf eine niedere Dienststellung innerhalb des Fähnleins vor, ebenso wie die jüngste Tochter normale BDM-Dienste leistete.« (klSt)

Ich habe Mühe, diese Beschreibung des E. und seiner Kinder ruhig zu kommentieren. Es ist ohne jede Distanz geschrieben. Ich lese eine gewisse Wertschätzung dieser Personen und ihres Verhaltens heraus. Der eine Sohn mehrfach ausgezeichnet als bester Schütze des »Banns«. Als Scharfschütze diente er bei der »deutschen Wehrmacht«. Er hat gezielt auf Menschen geschossen. Auf wen, wo und wie oft?

Dass der Scharfschütze bis zum Kriegsende dabei war, schrieb Sturm 1999, aber im Jahr zuvor hatte er in dem

Artikel über die »schützenden Hände« geschrieben, dieser Sohn sei aus dem Kessel von Stalingrad nicht zurückgekommen. Wer es mit den Fakten nicht so genau nimmt, sollte wenigstens seine eigenen Texte kennen.

Sie hießen Epstein, der Mechanikermeister hatte einen jüdischen Vater. Denkbar ist dieses Verhalten als Überlebensstrategie. Aber wohl nicht nur das. Denn die Kinder des Oskar Epstein hatten, wie Sturm mitteilt, zu dem stellvertretenden Ortsgruppenleiter der Nazis, Julius Völmle, ein Onkel-Verhältnis. Das ist mehr als ein notwendiger Kontakt zum Schutz vor Gefahr.

Sturm gibt außerdem an, dass die Epsteins auch durch den 1933 eingesetzten und 1945 abgelösten Bürgermeister Alfred Kercher gefördert und geschützt wurden, insbesondere aber durch einen Freund des Vaters, den »Parteigenossen und Stadtamtmann« im Kornwestheimer Rathaus, Fritz Görz, der, wie Epstein, Mitglied der Kornwestheimer Bruderschaft war.

Ausführlicher als im Artikel »Eine kleine Stadt« erzählt Sturm über den Schutz, den die Epsteins genossen, in dem Artikel über die »schützenden Hände«, und er gibt Erinnerungsfotos dazu. Zum Beispiel der »Führer« bei seiner Vorbeifahrt am Salamander-Gebäude im Salon-Wagen mit erhobenem Arm und, wie stets, mit nach hinten gekippter Hand. Oskar Epstein durfte ihn fotografieren. So geachtet war der Mechanikermeister. Er gehörte schließlich zur Kornwestheimer Bruderschaft, einer Gruppe von Beamten, Technikern und Lehrern, mit eigenem Wappen und dem Wappenspruch »fest – edel – wahr«, den Sturm leider nicht erläutert.

Es ist schwierig, anhand der Beschreibungen von Sturm die Familie Epstein zu beurteilen. Die Überlebensstrategie als Grund für das Verhalten des Oskar Epstein und seiner Kinder ist meines Erachtens fragwürdig. Es bestanden viele

Beziehungen zu prominenten Nazis Kornwestheims, wohlgemerkt Beziehungen freundschaftlicher Art. Der »Parteigenosse und Stadtamtmann« Görz, »der im Kornwestheimer Rathaus die Fäden zog« (schH), war ein Freund Oskar Epsteins. Der Sohn des Görz war HJ-Führer der Stadt und soll dem Vater zuliebe die Einwilligung gegeben haben, die beiden Epstein-Söhne mit »HJ-Pimpf-Uniformen einzukleiden«. Und: »Damit war eine Art Eingliederung in das zeitgemäße öffentliche Leben erfolgt. Dies wurde von Oskar Epstein sogar 1939 noch verdeutlicht auf einer Reise. Er fuhr nämlich mit seinen uniformierten Buben auf dem Motorrad durch Österreich, Böhmen und Mähren, Gebiete, die zuvor ans Deutsche Reich angeschlossen worden waren.« (schH)

Die Demonstration der HJ-Uniformen auf einer Motorradreise durch Österreich, Böhmen und Mähren kann doch den Kornwestheimern nichts bedeutet haben, sie haben es ja nicht gesehen. Aber den Leuten in den durchreisten Gebieten hat Epstein gezeigt, wer die neuen Herren sind und wie die »zeitgemäße« Öffentlichkeit beschaffen ist. Epstein hatte diese Demonstration nicht als Überlebensstrategie nötig. Es war seine Haltung zur Nazi-Herrschaft, die er demonstrierte.

Und der ältere Sohn auf dem Motorrad hat im bald darauf begonnenen Krieg als Freiwilliger und Scharfschütze in einer »Eliteeinheit« (schH) gezielt getötet.

Es ist nicht abwegig, wenn ich bei solchem Kontext denken muss: Es gab auch Juden, die Nazis waren.

Das Beispiel Michael Wolff

Sturm bezeichnet Michael Wolff als Schützling des »Parteigenossen Otto Trefz«. Wer war Wolff und wer war Trefz?

Von Sturm erfahren wir: »Der Grund *(für den Schutz – V. F.)* war darin zu sehen, daß Wolff der Wirt des gemeindeeigenen Gasthauses ›Schwanen‹ war und dass sich bei den zahlreichen Kundgebungen und zum Teil Saalschlachten in der Kampfzeit ab 1931 ein besonderes Vertrauensverhältnis zu Otto Trefz entwickelt hatte.« (schH)

Trefz war nicht nur Gast beim Gastwirt Wolff, um ein Bier zu trinken. Sie hatten, so Sturm, etwas Verbindendes, die »Kampfzeit«, in der sie gemeinsame Erlebnisse hatten, die Kundgebungen und Saalschlachten.

In dem Artikel über die »kleine Stadt« erfahren wir mehr über die »Kampfzeit«: »Die Aktionen der Nationalsozialisten begannen in dieser Stadt etwa mit dem Jahre 1930/31 [...] 1931 wurde dann zum ersten Mal im größten Saal der Gemeinde eine Wahlkundgebung durchgeführt [...] Dabei kam es zu den ersten offen ausgetragenen Konfrontationen [...] Dabei traten dann schon die Hinweise auf, die braune Knüppelgarde habe sich gezeigt.« (klSt)

Die »Kampfzeit«, in der sich zwischen Wolff und Trefz ein Vertrauensverhältnis entwickelt haben soll, war die Zeit, als die SA mit Knüppeln über Sozialdemokraten,

Kommunisten und Gewerkschafter herfiel. Das Vertrauensverhältnis setzt voraus, dass die Auffassungen von Wolff und Trefz übereinstimmten. Der aktive Nazi Trefz hätte sich nicht für Wolff eingesetzt, wenn der die Ansichten und die Ziele der Nazis abgelehnt hätte. Das jedenfalls muss man folgern, wenn man Sturms Artikel gelesen hat.

Es muss aber nicht stimmen, was Sturm über Wolff und Trefz schreibt. Ich kann nur kommentieren, was ich lese.

Den Schutz benötigte Wolff 1938, weil, wie Sturm berichtet, die Nazis die Aufmerksamkeit auf fünf Juden lenkten. Sie gaben sozusagen einen Hinweis, wer für die bevorstehenden Pogrom-Attacken infrage käme.

»Deutlich vor den Ausschreitungen des Novembers 1938 hatte im Kreis Ludwigsburg die NSDAP, Gau Württemberg-Hohenzollern, in ihrem Sammelrundschreiben 1/1938 die Namen der im Kreis lebenden Juden veröffentlicht. Von den Kornwestheimer Juden wurden dabei nur fünf genannt.« (schH) Der Name Wolff war nicht darunter. Das Sammelschreiben hätte Otto Trefz als Kreisleiter der Nazi-Partei verfasst und verbreitet. Für das Weglassen des Namens Michael Wolff hätte Trefz gesorgt, schreibt Sturm. Wolff sollte bei dem Pogrom verschont werden. »Aus der parteiamtlichen Veröffentlichung [...] war nach der Auffassung der Kornwestheimer Parteigenossen die Entscheidung Trefzs zu verstehen, den Namen Wolff nicht öffentlich anzuprangern.« (schH)

Der Verzicht auf den Namen Wolff in dem Sammelschreiben von 1938 verhinderte nicht, dass Wolff während des Pogroms verhaftet und nach Dachau gebracht wurde. Dort musste er mehrere Wochen als Häftling zubringen.

In der *Kornwestheimer Zeitung* erschien ein Beitrag von einem Mann des Ortes, Karl Bührer, es sind Erinnerungen an Michael Wolff. Er berichtet, was er von seinem Vater gehört hatte. »Mein Vater erzählte oft von den Zusammenkünften der Feuerwehr im ›Schwanen‹. Des Öfteren saß dort ein junger Lehrer, der sich als ›Otto‹ vorstellte. Er war stets lustig und unterhaltsam.«

In Kornwestheim wird es sicher so weitererzählt.

Und es heißt weiter in diesem Artikel: »Sie *(die Feuerwehrleute – V. F.)* waren erstaunt, als sie Anfang Februar 1933 erfuhren, dass ›ihr Otto‹ nunmehr Kreisleiter und somit der 1. Mann der NSDAP im Kreis Ludwigsburg war.«

Was der Verfasser des Artikels schrieb, weiß er von seinem Vater, der auch Karl Bührer hieß und zu den Feuerwehrleuten gehörte. Dieser Mann musste sich nach 1945 vor dem Entnazifizierungsausschuss Kornwestheim verantworten. Der Prüfungsausschuss stellte fest: »Karl Bührer ist uns als Nationalsozialist bekannt, denn er war für den Krieg und glaubte bis zuletzt an den Sieg.« (Akte StaL EL 902/15 Bü 3055)

Und dieser Karl Bührer und seine Freunde im »Schwanen« wollen erst im Februar 1933 erfahren haben, dass ihr Otto ein Nazi-Funktionär war. Das ist absolut unglaubwürdig, denn Trefz war schon vorher Kreisleiter der NSDAP und vertrat die braune Partei im Gemeinderat von Kornwestheim. Er hatte längst von sich reden gemacht. Und die Männer, die sich bei Wolff trafen, waren seine Anhänger, vielleicht nicht alle, aber der Vater des Artikelschreibers war es.

Die im »Schwanen« ihr Bier trinkenden Feuerwehrleute waren keine politisch harmlosen Männer. Dieses Gasthaus war schon in der »Kampfzeit« das Vereinslokal der Nazis. Die Wahlkundgebung 1931, bei der es, wie Sturm berichtet, Hinweise auf die »braune Knüppelgarde« gab, fand im Gemeindesaal »Schwanen« statt. Der Reichstagsabgeordnete der NSDAP, Wilhelm Dreher, wollte sprechen, was die Gegner der Nazi-Truppe verhinderten. Die Polizei schützte die Rednerbühne, damit Dreher, der spätere SS-Brigadeführer, unbeschadet aus dem Saal kam – aus dem Saal des von Wolff bewirtschafteten Gasthauses »Schwanen«.

Wolffs Biografie, soweit sie mir aus Veröffentlichungen bekannt ist, in Kurzform: Michael Wolff, geboren 1878, war Jude, verheiratet mit einer nichtjüdischen Frau. Er war Wirt des Gasthauses »Schwanen«, das 1935 geschlossen wurde. Danach arbeitete Wolff als Kellner. Am 9. November 1938 wurde er nach Dachau gebracht, im Dezember wieder entlassen. Später war er in einer Lederfirma in Kornwestheim und in einer Schuhfabrik in Markgröningen beschäftigt. Am 28. April 1945 kam er in einem Zug von der Arbeit. Ein Flugzeug der Alliierten beschoss den Zug, Wolff wurde tödlich verletzt.

Am 13. November 2013 wurde für Michael Wolf in Kornwestheim ein Stolperstein gelegt.

Stolpersteine sind Gedenksteine für Opfer des faschistischen Terrors, von denen nichts geblieben ist, die kein Grab haben. In letzter Zeit wurden nicht nur für ermordete Juden Stolpersteine gelegt, sondern auch für Opfer der sogenannten Euthanasie und für ermordete Widerstandskämpfer, in Ausnahmefällen auch für schwer misshandelte Menschen, die lebenslange Schäden davontrugen oder sich nach der Misshandlung das Leben nahmen. Damit ist Wolffs Schicksal nicht vergleichbar. Der Stolperstein für diesen Mann ist nach meinem Empfinden eine Verflachung der Erinnerung an die Ermordeten. Wolff hat ohne großen, bleibenden Schaden die Zeit der Verfolgung überstanden. Er starb nicht als ein Opfer der Nazis. Und er hat ein Grab.

Wer war Trefz?

Trefz war schon lange vor 1933 ein aktiver Nazi. Er kam 1931 für die NSDAP in den Gemeinderat Kornwestheims und wurde 1932 Kreisleiter der Nazi-Partei in Ludwigsburg. 1943 machte Trefz einen großen Karrieresprung. Er wurde als stellvertretender Bezirksleiter in das besetzte Estland geschickt. Bei den 1941 besetzten Gebieten, als »Ostland« bezeichnet, handelte es ich um das Baltikum und Teile des westlichen Belorusslands.

Sofort nach der Besetzung dieser Gebiete fanden Massenerschießungen von Zivilisten statt. Vor allem sollten die Juden liquidiert werden. Auf der Wannsee-Konferenz am 20. Januar 1942 erklärte Reinhard Heydrich, der die Konferenz leitete, dass die bisherige Methode des Tötens durch Erschießen ineffektiv sei und ersetzt werde durch Gaskammern, die in den Vernichtungslagern Bełżec, Sobibór, Treblinka, Majdanek und Auschwitz erbaut werden. Bis zu ihrer Fertigstellung verging einige Zeit. Das Töten mit einer Kugel wurde fortgesetzt.

Von 1941, als das Gebiet besetzt wurde, bis 1944 sind im »Ostland« rund eine Million Juden ermordet worden. Drei Jahre Nazi-Terror, das sind etwas mehr als 1000 Tage, umgerechnet 1000 Tote an jedem Tag. Kornwestheim mit seinen 14 706 Einwohnern zu Beginn des Krieges wäre, wenn man die Zahlen vergleicht, nach 15 Tagen ein völlig menschenleerer Ort gewesen.

Der erste Transport mit 1013 Juden aus dem Raum Stuttgart fuhr bereits 1941, am 4. Dezember, nach Riga. Alle wurden sofort nach der Ankunft getötet. Auch eine meiner Verwandten erlitt dieses Schicksal. Sie hieß Netti, war 38 Jahre alt und arbeitete in einem jüdischen Kinderheim. Zusammen mit den Kindern begab sie sich auf den Transport. Sie fuhren am 26. Oktober 1942 von Berlin ab und wurden am 29. Oktober im Wald bei Riga erschossen.

In Estland wurde wie im ganzen Baltikum unbarmherzig gemordet.

Einer mit Befehlsgewalt in diesem Gebiet war Otto Trefz. Er gehörte ab 1943 zu den führenden Nazi-Funktionären im estnischen Tallinn/Reval. Als Trefz in Reval sein Amt antrat, waren die meisten Juden bereits liquidiert, die übrigen in Ghettos und Lager gesperrt, ohne die Chance des Überlebens.

Dieser Trefz schützte Michael Wolff, seinen Freund aus der »Kampfzeit«, »[...] obwohl Otto Trefz ab 1942 in einer sehr hohen Partei- und Regierungsstellung in Estland, Litauen, Lettland tätig war«. (schH) So steht es bei Sturm. Zunächst eine Korrektur: Trefz kam nicht 1942, sondern im März 1943 nach Estland. Die Gebiete Litauen und Lettland gehörten nicht zu seinem Arbeitsbereich.

Sturms Angaben sind nicht immer sachgerecht. Das kann auch für das Verhältnis des Michael Wolff zu Otto Trefz zutreffen. Ich bezweifle, dass es ein Vertrauensverhältnis zwischen Wolff und Trefz gab. Sie kannten sich, das ist sicher. Wolff war der Wirt des Lokals, in dem Trefz manchmal Gast war, und ich kann mir gut vorstellen, dass der Wirt dem jungen Lehrer gegen Monatsende auch mal ein Bier auf Kosten des Hauses einschenkte. Aber ist verbürgt, dass Wolff die Aktivität des Otto Trefz, wie sie in der »Kampfzeit« üblich war, guthieß? Saalschlachten sind nicht jedermanns Sache.

Es gibt nur Aussagen, keinen Nachweis.

Nach Sturm soll Wolff mehrmals gesagt haben, er sei von Trefz beschirmt worden. Wolffs Häftlingswochen in Dachau sprechen dagegen. Die Streichung von der Liste des Jahres 1938 und das Einverständnis der »Kornwestheimer Parteigenossen« mit der Streichung ist auch nur eine Aussage von Sturm. Woher hatte Sturm die Information über die Streichung? Gehört das zu der schönen Idee von den »schützenden Händen«? Auf der Liste von 1942 ist Wolff verzeichnet. Damit bestand für Wolff vielleicht wirklich eine Gefahr. Trefz war im Frühjahr 1942, als die Liste geschrieben wurde, noch der Kreisleiter in Ludwigsburg und hätte auch hier den Namen streichen lassen können – wenn er Wolff schützen wollte.

Was sonst noch über Wolff und Trefz bekannt ist, hat Karl Bührer erzählt und geschrieben, und das stammt von seinem Vater. Daraus geht nur hervor, dass sich Wolff und Trefz kannten, weil Trefz im Gasthaus »Schwanen« sein Bier trank und sich mit den Feuerwehrleuten unterhielt. Von einem besonderen Vertrauensverhältnis zwischen Wolff und Trefz, das hier entstanden sein soll, hat Karl Bührers Vater anscheinend nichts seinem Sohn erzählt, obwohl es eine interessante Information gewesen wäre.

Es ist nicht klar, warum Sturm von einem Vertrauensverhältnis ausgeht und dem NSDAP-Chef von Ludwigsburg eine besondere Schutzhaltung zuschreibt.

Zur Erinnerung an Michael Wolff anlässlich der Verlegung des Stolpersteins konnten die Kornwestheimer in ihrer Zeitung lesen, dass Otto Trefz im Gasthaus »Schwanen« freundschaftlich mit den Feuerwehrleuten verkehrte und dass er stets lustig und unterhaltsam war. Ich soll mir als Leserin wohl vorstellen, dass sich beim Gastwirt Wolff oft eine muntere Männerrunde traf, alles Feuerwehrleute, und ein sympathischer junger Lehrer unterhielt sie mit lustigen Sprüchen und manchmal fanden Saalschlachten statt. Wegen der Konflikte mit den Sozialdemokraten und Kommunisten. Ich glaube, ich werde künftig meine Lektüre von Erinnerungen an die Nazi-Zeit sehr vorsichtig auswählen, damit ich mich nicht schlaflos durch die Nächte quäle.

Worin bestand der Schutz?

Ich lasse mir diese vier Lebensberichte durch den Kopf gehen und überlege, worin der Schutz durch Salamander und die Kornwestheimer bestand.

Frida Singer ist einzig und allein durch ihren Mann geschützt worden, der den Mut hatte, die Scheidung abzulehnen, und das OT-Lager erduldete. Niemand sonst tat etwas für ihren Schutz. Ich streiche sie aus der Liste der vier.

Julius Löw musste die Schikanen des Pogroms über sich ergehen lassen, war anschließend Hilfsarbeiter, vermutlich Zwangsarbeiter, und wurde nach Theresienstadt deportiert. Von Schutz kann keine Rede sein. Im Übrigen hatte Salamander ihn schon vor dem Pogrom von 1938 entlassen und brauchte sich für seinen Schutz nicht mehr zuständig zu fühlen. Niemand in Kornwestheim versuchte, Löws Deportation zu verhindern. Auch diesen Namen streiche ich.

Oskar Epstein versuchte sich und seine Kinder selbst zu schützen, indem er sich den Nazis anpasste. Er war »Mischling 1. Grades«, allgemein als »Halbjude« bezeichnet. Für sie war auf der Wannsee-Konferenz festgelegt worden: »Mischlinge 1. Grades sind im Hinblick auf die Endlösung den Juden gleichgestellt.« Das heißt, wie diese zu liquidieren.

Am 27. Februar 1943 begann die »Fabrikaktion«, so genannt, weil man alle Juden an ihren Arbeitsplätzen in den Fabriken festnahm. Sie wurden auch aus den Wohnungen geholt und auf der Straße aufgegriffen. Man machte Jagd auf alle Sternträger. Auch manche Juden in »Mischehen« und »Halbjuden« wurden erfasst und in die Sammelstellen gebracht.

Mit dem Film »Die Rosenstraße« von Margarethe von Trotta wurde verbreitet, die nichtjüdischen Frauen vor der Sammelstelle in der Rosenstraße hätten die Freilassung der Männer bewirkt. Der Film ist ein Film, nicht die Wirklichkeit. Tatsächlich hatte Goebbels schon vor der Fabrikaktion angewiesen, die Juden in »Mischehen« und die »Halbjuden« nur zu registrieren. Er fürchtete mit Recht, dass durch Angehörige und Freunde dieser Familien größere Unruhen entstehen könnten, zumal die Stimmung in der Bevölkerung nach der Niederlage von Stalingrad nicht gut war. Er brauchte eine stabile »Heimatfront«. Dass viele erregte Menschen vor den Sammelstellen in Berlin zusammenkamen und auf die Freilassung der Männer und Frauen warteten, bestätigte Goebbels' Befürchtung. Massenansammlungen waren verboten, aber niemand kümmerte sich darum und die Polizei hielt sich zurück, damit die Erregung nicht in offenen Protest umschlug.

Oskar Epstein hatte einen jüdischen Vater und eine nichtjüdische Mutter. Er war als »Halbjude« nicht akut von Deportation bedroht. Seine Kinder, die »Vierteljuden«, durften, wie damals üblich, ohne Behinderung Mitglieder der Hitlerjugend und des BDM werden, wenn sie einen guten Ruf hatten und nicht jüdisch aussahen. Die Epstein-Kinder konnten also ohne besondere Fürsprecher Mitglieder der HJ und des BDM werden und sie schienen, wenn man Sturm liest, sogar bemüht gewesen zu sein, in den Nazi-Organisationen aktiv mitzuwirken. So offen bedroht, dass sie Schutz brauchte, war diese Familie nicht, dank eigener Aktivität und wegen der für Oskar Epstein vorläufig und bis zum Ende der Nazi-Zeit nicht vorgesehenen Deportation.

Nur in einer Hinsicht kann es Schutz gegeben haben: Epstein hätte als »Halbjude« zur Zwangsarbeit geholt werden können. Das mag nicht geschehen sein, weil Salamander ein Wehrbetrieb war und ihn als wichtigen Mitarbeiter reklamierte oder weil einflussreiche Leute im Rathaus es verhinderten. Nichts dergleichen ist belegt. Es bleibt nur dies: Oskar Epstein verstand es, sich anzupassen, und wurde vielleicht in Kornwestheim gar nicht als Jude angesehen. Ich denke an Göring, der gesagt haben soll, als man ihm einen jüdischen General vorwarf: Wer Jude ist, bestimme ich.

Die braun schillernde Familie Epstein streiche ich ebenfalls aus der Gruppe der vier, die Schutz erfahren haben sollen.

Michael Wolff, verheiratet mit einer nichtjüdischen Frau, musste mehrere Wochen in Dachau durchstehen. Trefz hat allerdings manches für Wolff getan. Er hat zum Beispiel dafür gesorgt, dass Wolff nach der Schließung des »Schwanen« wie jeder andere arbeiten durfte und nicht wie Julius Löw nach langer Arbeitslosigkeit die Straßen Stuttgarts kehren musste. Ein Schutz etwa vor einer drohenden Deportation ist nicht erkennbar und die »Mischehe« bot eine gewisse Sicherheit. Ich streiche auch diesen Fall aus der Gruppe der vier Juden.

Und Else Kieferle? Sie ist anscheinend unbemerkt verschwunden und nicht mehr auffindbar. Hat Sturm ihr Schicksal versehentlich oder absichtlich ausgespart? Im Kornwestheimer Stadtarchiv ist belegt, dass Else Kieferle 1936, nach der Veröffentlichung der Nürnberger Gesetze, aus der israelischen Gemeinde ausgeschieden ist und zum

Katholizismus konvertierte. Sie brauchte darum nicht in die Rubrik »Glaubensjuden« aufgenommen zu werden. Sie war mit einem Mann ohne jüdischen Hintergrund verheiratet. Auch ihr bot die »Mischehe« Schutz.

Was bleibt übrig von den gepriesenen »schützenden Händen«? Nichts, was sich Salamander zugute halten kann. Und der Kornwestheimer Bürgermeister und der Stadtamtmann können nicht auf konkrete Hilfe für gefährdete Juden verweisen.

Die »schützenden Hände« sind eine Erfindung des Firmen-Historikers Hanspeter Sturm. Eine Schutz-Idee, an der so gut wie alles falsch ist. Da Sturm aber als Historiker auftritt, muss ich seine Darstellung eine Fälschung der Geschichte nennen. Er schrieb gegen die Geschichte, man könnte ihn einen Antihistoriker nennen.

Deportationen aus dem Raum Stuttgart

Sturm hat in seinen Artikeln nur die obere und die mittlere Leitungsebene des Konzerns betrachtet, die untere Ebene, die der Arbeiter und Angestellten, ignorierte er. Das waren mehrere tausend, 1944 immer noch landesweit insgesamt 4500 Beschäftigte. Viele arbeiteten in der Kornwestheimer Fabrik. Sie wohnten nicht alle in Kornwestheim. Sie kamen auch aus den umliegenden Orten, um ihr tägliches Brot zu verdienen. Gab es unter ihnen keine Juden? Warum schreibt er absolut nichts darüber? Es gibt nur eine Antwort: Seine schöne Idee von den schützenden Händen wäre geplatzt wie eine Seifenblase.

Nur vier Juden in Kornwestheim, so steht es bei Sturm. Im Stadtarchiv sind für die Zeit vor dem Krieg sieben Juden verzeichnet, in einer Stadt mit 14 706 Einwohnern. Das erscheint mir unwahrscheinlich. Es ist durchaus möglich, dass sich unter den christlichen Einwohnern konvertierte Juden befanden, die nicht als Juden registriert waren – wie Else Kieferle.

Die beiden Listen von 1938 und von 1942, auf die sich Sturm beruft, enthielten meines Erachtens die Namen von besonders ausgewählten Personen. Die fünf auf der Liste von 1938 waren, das kann ich nur vermuten, vielleicht im Ort bekannte Juden, mit denen bei dem Pogrom besondere

Aufmerksamkeit erzielt werden konnte. Die vier Juden auf der nicht veröffentlichten, von der Ortspolizei Kornwestheims erstellten Liste von 1942, könnten aufgeschrieben worden sein, weil möglicherweise bei ihnen erst geprüft werden sollte, ob sie für die sofortige Deportation in Frage kämen, denn drei lebten in »Mischehen«. Auch das lässt sich nur vermuten. Sie sollten zunächst nur registriert werden, so wie es Goebbels vor der Fabrikaktion angewiesen hatte. Das trifft auch für Oskar Epstein zu, den Sturm hinzunimmt, er war »Halbjude«. Julius Löw ist trotz seiner »Mischehe« im Februar 1945 deportiert worden, denn neben den Weisungen gab es auch Willkür.

In Baden und Württemberg lebten viele Juden. Die Zahlen der Deportationen beweisen es. Da kann Kornwestheim nicht ausgelassen werden. Nur wenige von ihnen waren vermögend und hatten die Möglichkeit zu emigrieren, nur wenige konnten sich illegal über eine Grenze retten. Die meisten mussten bleiben und für ihren Lebensunterhalt arbeiten, unter anderem bei Salamander.

Im Oktober 1940 sind 6504 badische Juden in Lörrach gesammelt und in das Lager Gurs am südwestlichen Zipfel des gerade besetzten Frankreichs transportiert worden. Das war die erste Massendeportation. 6504 – diese Zahl steht fest, dafür bürgt das Museum von Lörrach. Wenn ich von dieser Zahl in Baden ausgehe, muss es analog in Württemberg mehrere tausend Juden gegeben haben.

Auskunft über die Juden in diesem Gebiet geben unter anderem das Gedenkbuch des Bundesarchivs und das Gedenkbuch von Theresienstadt. Die Transporte mit den Juden aus dem Raum Stuttgart, zu dem Kornwestheim gehört, fuhren von Stuttgart ab.

Daten aus dem Gedenkbuch des Bundesarchivs:

Abfahrt	Personen	Zielort
04.12.1941	1013	Riga
27.04.1942	1628	Izbica Kujawska
22.08.1942	1072	Theresienstadt/Terezin
01.03.1943	1500	Auschwitz/Oświecim und Theresienstadt/Terezin mit Juden aus den Räumen Stuttgart, Trier, Düsseldorf und Dortmund
12.10.1943	(1000)	Auschwitz
07.12.1943	(1000)	Auschwitz

In den Zügen, die 1943 nach Auschwitz fuhren, befanden sich fast immer etwa 1000 Menschen.

Zwischen 1943 und 1945 wurden außerdem aus dem Raum Stuttgart 15 Personen in je zwei Gruppen nach Auschwitz deportiert und 71 Personen in kleinen Gruppen nach Theresienstadt, dazu gehörte Julius Löw. Ihn bezieht Sturm ein, wenn er mitteilt: »In einem kleinen Sammeltransport wurden die wohl letzten Juden aus dem Raum Stuttgart über Bayern in das Reichsprotektorat abgeschoben. Einen Ankunftstag hat Julius Löw nicht überliefert.« (schH) Er kam am 18. Februar 1945 in Theresienstadt an.

Im Theresienstädter Gedenkbuch, das fast vollständig alle Häftlinge dokumentiert, ist angegeben: Aus dem Raum Stuttgart kamen 1387 Häftlinge an. Das waren die Häftlinge des Transports vom 22. August 1942, ein Teil der Häftlinge aus einem Transport vom 1. März 1943 und anschließend einzelne Häftlinge und kleine Gruppen. 1069 Häftlinge sind umgekommen, 318 wurden befreit.

5000 bis 6000 Juden aus dem Raum Stuttgart wurden deportiert.

In dem lang gestreckten Gebäude an der Bahn arbeiteten Menschen aus Kornwestheim und aus den 142 Gemeinden des Umlands. Sturm hat nicht mitgeteilt, wie viele jeden Morgen das Salamander-Gebäude betraten. Auch Juden. Sie kamen nach 1943 nicht mehr zur Arbeit, weil sie auf Transport gegangen waren.

Zu den rund 2000 Kornwestheimern, um die sich die Stadt bis 1945 verringert hatte, gehörten auch die Deportierten. Vielleicht wird bei einer neuen Forschung dieses Problem geklärt. Ich kann es nur aufzeigen.

Ich komme zum Schluss: Vier Juden werden benutzt, um von der renommierten Firma und der von ihr beherrschten kleinen Stadt ein schönes, fleckenloses Bild malen zu können. Das gelingt ihm aber nicht, dem Herrn Sturm.

Von nichts gewusst

Der Historiker der Salamander AG hat von nichts gewusst, nichts von einem Reparaturbetrieb, nichts von Zwangsarbeitern, nichts von Juden in Kornwestheim – bis auf vier, die angeblich geschützt wurden. Darauf gründet sich, was Sturm 1999 dem Reporter Weidermann gesagt hat: Kein Jude, der bei Salamander beschäftigt war, sei umgekommen.

Dann hat Weidermann den wundersamen Satz des Historikers wiedergegeben: »Alle vor dem Kriege bei Salamander beschäftigten Juden konnten nach dem Krieg wieder anfangen.«

Logik ist nicht die starke Seite des Historikers Sturm. Niemand sei umgekommen, sagte er. Vor dem Krieg waren sie da. Und nach dem Krieg hätten sie wieder zu Salamander kommen können. Wo waren die Juden in der Zwischenzeit? Und wer von ihnen war noch am Leben?

Wen meinte Sturm eigentlich? Alle vor dem Krieg bei Salamander beschäftigten Juden – meinte er etwa die Emigranten der oberen Leitungsebene? Sie wären kaum wieder an die Schreibtische gekommen, von denen sie vertrieben worden waren. Wer kam sonst noch infrage? Frida Singer, Else Kieferle und Michael Wolff waren nie bei Salamander beschäftigt gewesen, auch nicht Fritz Cahn, der vor dem Krieg emigrierte. Julius Löw hatte man 1938 entlassen und Oskar Epstein arbeitete ohne Unterbrechung in der Firma. Dann gab es noch aus der mittleren Leitungsebene den Lederfachmann Preßburger, der in die USA emigrierte, und den Obermeister Hugo Spenadel, der mit seiner Familie nach England ging. Es bleiben nur diese beiden, die wieder bei Salamander hätten anfangen können. Sturm sagte aber »alle«. War das ein Versprecher oder wusste er, dass mehrere Juden der Firma in Güterwaggons gepresst und fortgeschafft worden waren?

Frau Saverschek sagte dem Reporter, es habe keinen Reparaturbetrieb gegeben. Aus dem Grundbuch gehe hervor, dass Salamander noch nie Grundbesitz in der Köpenicker Straße 6a–7 besessen habe. Das ist richtig. Aber den Reparaturbetrieb gab es in diesem Gebäude. Meine Angaben dazu bezweifle Frau Saverschek und damit die Echtheit meiner Lebensgeschichte. Ich hätte da vielleicht was zusammenfabuliert.

Der Firmenhistoriker Hanspeter Sturm äußerte sich nach der Veröffentlichung der Salamander-Seite in der *taz* nicht mehr dazu. Anders die Pressesprecherin Elvira Saverschek. Sie schrieb einen bösen Brief an die Redaktion: Die Recherche sei oberflächlich, Begriffe seien verdreht worden, der Artikel sei rufschädigend für die unbescholtene Firma und »fabuliert« komme in »unserem« Sprachgebrauch nicht vor.

Ein Fakt der Argumentation in dem Brief der Frau Saverschek ist beachtenswert. Das Gebäude in der Köpenicker Straße habe einer Samengroßhandlung gehört. Die Nachforschung, schreibt sie, habe ergeben, »dass die ehemalige IP Wissinger oHG/AG Wissinger Samengroßhandlung GmbH damals ein sog. nicht kriegsrelevanter Betrieb war, der Salamander zwangsweise zur Bewirtschaftung zugewiesen wurde«.

Samen brauchte man nicht für den Krieg, aber Salamanders Produktion war kriegsrelevant. Schuhe, Stiefel und Lederersatzstoffe waren unverzichtbar für die Männer und Frauen in Uniformen und für die Zivilisten, die es ausreichend zu versorgen galt, um eine stabile »Heimatfront« zu gewährleisten. Zwangsweise wurde Salamander dieses Gebäude zugewiesen, damit die Schuhmengen angeliefert, ausgeladen und bearbeitet werden konnten. Auf wen wurde Zwang ausgeübt? Doch wohl auf den, der das Gebäude und seinen Betrieb aufgeben musste. Die Zuweisung für dieses Gebäude muss Salamander bei einem Nazi-Amt beantragt haben, um genügend Raum für die Reparatur großer Schuhmengen zu bekommen. Der Berliner Salamander-Chef Friedrich Schwarz wird es beantragt haben, da bin ich sicher. Er war ein fleißiger Antragsteller, ich habe zwei dicke Aktenpakete durchgesehen und jede Menge von ihm unterschriebene Anträge gelesen. Immer ging es um Geld. Die zwangsweise Zuweisung des Gebäudes und der Rauswurf der Samengroßhandlung wird von Salamander betrieben worden sein, weil Haffner und seine Direktoren sehr schnell erfassten, dass es bei den Schuhen ohne Besitzer um Rohmaterial für Ersatzstoffe ging und um ein Geschäft mit getragenen Schuhen, das voraussichtlich Gewinn abwerfen würde. Eine großzügige Hilfe, etwa für die kostenlose oder nur die Kosten deckende Versorgung der Bevölkerung mit tragbaren, reparierten Schuhen, ist bei Salamander ganz bestimmt nie vorgekommen.

Der Generaldirektor und andere

Wer waren die Leute mit den »schützenden Händen«? Es waren alles Männer, keine Frauen. Hochgelobt von Hanspeter Sturm: der Generaldirektor Dr. Alex Haffner. Dieser Mann hatte gewiss Qualitäten als Chef des Unternehmens. Er richtete die Salamander AG 1933 auf eine neue Strategie aus, er führte sie durch Krisenjahre, durch Zeiten der Kontingentierung des Rohstoffs, durch den kriegsbedingten Produktionsrückgang. Und er hatte Erfolg. Auch in der von Sturm redigierten Schrift »1200 Jahre Kornwestheim« wird Haffners Verdienst gewürdigt: Er habe den Aufbau des Konzerns »entscheidend geprägt«. (KWH S. 22)

Sturm schreibt mit Bezug auf die ausgeschiedenen leitenden Mitarbeiter: »Die Vorstandschaft des Werkes blieb gegenüber den jüdischen Mitarbeitern in der Unterstützungsfunktion aktiv bis 1939 kurz vor dem Kriegsbeginn tätig.« (schH) Auch das ein Verdienst des Generaldirektors. Im Kornwestheimer Rathaus soll auch der Bürgermeister Alfred Kercher eine Schutzhaltung eingenommen haben, er habe »keine aktive Judenverfolgung« betrieben. Es habe durch Kercher und seine engsten Mitarbeiter »eine selten im Dritten Reich beobachtete Toleranz« gegeben. (schH)

Sturm geht, was Haffner betrifft, noch einen Schritt weiter. Er sei ein Hitler-Gegner gewesen. Er habe »äußerst geschickt geheim gehaltene Kontakte« zur Bosch-Gruppe in Stuttgart, später zum Goerdeler-Kreis und zu Hjalmar Schacht unterhalten (schH). Das geht vornehmlich aus Haffners eigenen Aufzeichnungen hervor (FAZ 1966).

Ich gehe davon aus, dass solche Kontakte bestanden, und verfolge den von Sturm verbreiteten Gedanken, dass Haffner ein Gegner Hitlers gewesen sei. Ein Gegner des herrschenden Systems war Haffner bestimmt nicht.

Eine Gegnerschaft kann sehr unterschiedlich begründet gewesen sein. Es gab Leute in Baden-Württemberg, unter anderem Eisenbahner, die das faschistische System, nicht Hitler, den Mann an der Spitze dieses Systems, beseitigen wollten. Das war gewiss nicht Haffners Anliegen, denn er und der von ihm geleitete Konzern waren Nutznießer dieses Systems.

Eine gewisse Übereinstimmung mit der Bosch-Gruppe in Stuttgart ist vorstellbar. Den Widerstand gegen den Nazi-Staat unterstützte Robert Bosch, einst Sozialdemokrat. Er soll Menschen, denen KZ-Haft drohte, gerettet haben, und er unterhielt Verbindungen zum Goerdeler-Kreis. Gleichzeitig leitete er ein Unternehmen, das Rüstungsaufgaben übernahm. Die Bosch-Tochterfirma südlich von Berlin produzierte Teile für Flugzeugmotoren. Auf dem dortigen Fabrikgelände befand sich das Außenlager Kleinmachnow des KZs Sachsenhausen. 2700 Kriegsgefangene, Zwangsarbeiter und Häftlinge und etwa 800 während des Warschauer Aufstands verhaftete Polen arbeiteten hier für Bosch. Der Widerstand Robert Boschs ist schwer zu begreifen. Es ging ihm wohl nicht um den Staat, eher um Probleme der Führung dieses Staates. Wie dem Goerdeler-Kreis mag der Bosch-Gruppe die Kriegsstrategie Hitlers missfallen haben, denn sie würde zu einer vormundschaftlichen Besatzung führen, was nach Stalingrad vorauszusehen war.

Carl Friedrich Goerdeler war an der Planung des Attentats auf Hitler am 20. Juli 1944 beteiligt und als neuer Reichskanzler vorgesehen. Das Ziel des Widerstands jenes Kreises bestand darin, Hitler zu stürzen und den mit Hitler nicht gewinnbaren Krieg zu beenden. Goerdeler hatte zu diesem Zweck mit Großbritannien, den USA und anderen Staaten Verbindungen geknüpft. Mit der UdSSR Frieden zu schließen kam für Goerdeler nicht infrage. Bei einem Friedensschluss mit den westlichen Alliierten sollte kein Gebietsgewinn aufgegeben werden, Elsaß-Lothringen und Nordschleswig sollten hinzukommen und Österreich und das Sudetenland in dem neuen Reich der Nachkriegszeit bleiben. Innenpolitisch war für die Zeit nach Hitler von Goerdeler ein erzkonservatives Regime geplant.

Goerdeler besaß auch einen Plan für die Judenpolitik: Das Bürgerrecht wäre nur den Juden zu gewähren, die über eine lange Vorfahrenreihe in Deutschland verfügten, alle anderen müssten das Land verlassen. In Kanada könnte ein Judenstaat als Dauerlösung gegründet werden. Bei den Nazis war Madagaskar im Gespräch, bevor es die Gaskammern gab. Eine »Endlösung« lehnte Goerdeler ab, aber verschwinden sollten die Juden, möglichst aus ganz Europa, das heißt die auf der Wannsee-Konferenz bestimmten elf Millionen. Goerdeler war Antisemit bis zu seinem Tod 1944 in Plötzensee. Das unterschied ihn von Robert Bosch. Auch die konservative, auf einen absoluten Obrigkeitsstaat ausgerichtete Planung Goerdelers war nicht Robert Boschs Ziel.

Es ist nicht klar, worauf die Verbindung Haffners zu diesen Widerstandsgruppen beruhte, vorausgesetzt, dass sie bestanden hat.

Und welcher Art soll die Verbindung zu dem Reichsbankpräsidenten und Reichswirtschaftsminister Hjalmar Schacht gewesen sein? Die Preisgestaltung als Wirtschaftsfaktor vielleicht. Die aktuelle, vermute ich, nicht die künftige. Dazu wird Haffner, wenn überhaupt, das Gespräch mit Schacht gesucht haben. Eine Suche nach Kontakten zum Widerstand kann das nicht gewesen sein. Schacht arbeitete für den NS-Staat, nicht gegen ihn.

Es gibt nur Aussagen über Haffners Widerstand, kein dokumentarisches Material. Er hat ja alles »geschickt geheim gehalten«, meint Sturm. Nur von Verbindungen schreibt er, nicht von Aktivitäten, die hat es offenbar nicht gegeben. Haffner war ein kluger Mann, er wird sich wie andere auch über das absehbare Ende des NS-Staates, die weitere Existenz des Konzerns und über seine eigene Position Gedanken gemacht und bei der Stuttgarter Gruppe um Robert Bosch Gesprächspartner gesucht haben. Nachdenken über das, was kommen wird oder was kommen sollte, ist noch kein Widerstand. Dass Haffner eventuell mit Hitlers Regime nicht einverstanden, besser: nicht mehr zufrieden war, macht ihn nicht zu einem grundsätzlichen Hitler-Gegner. Haffner als solchen zu deklarieren oder dem Widerstand zuzuordnen, dient allein der Ablenkung von dem, was er und der Konzern, den er leitete, zu verantworten haben.

Ich war ausgegangen von Haffner mit der »schützenden Hand« und dem gleichfalls um Schutz bemühten Bürgermeister Kercher. Sturm setzt noch einen dritten Beschützer hinzu: Otto Trefz. »Eine ganz entschiedene Schlüsselfigur war aber der mit Kornwestheim noch über Jahre hinweg verbundene Kreisleiter Otto Trefz.« (schH)

In dem Artikel über die »kleine Stadt« verkündet Sturm: »Das kurioseste Ergebnis aber der Frage, warum die Juden dieser Stadt, soweit urkundenmäßig nachweisbar ist, nicht in Vernichtungslager kamen, ist die paradoxe Feststellung, die aber erst endgültig nach Zugang zu den Entnazifizierungsakten belegt werden kann, dass der vor

1933 als Ortsgruppenleiter tätige und später als Kreisleiter und sogar als Reichskommissar in den besetzten Gebieten der UdSSR eingesetzte O. T. nicht bestraft wurde, weil er ein jüdisches Ehepaar in dieser Stadt während der ganzen Zeit des Dritten Reiches beziehungsweise des Zweiten Weltkrieges (auch als Ortsabwesender) abschirmte.«

Was ist falsch in diesem Satz? Erstens: Die Beziehung zwischen Ursache und Folge ergibt keinen Sinn. Trefz wurde nicht bestraft, das sei die Ursache, und als Folge seien die Juden Kornwestheims nicht in Vernichtungslager gekommen. Der Satz ist allerdings so verbaut, dass er auch anders interpretiert werden kann. Zweitens: O. T./ Otto Trefz war nicht Reichskommissar, sondern stellvertretender Bezirksleiter für Estland. Er unterstand dem Reichskommissar für das Baltikum mit den Bezirken Lettland, Litauen und Estland. Reichskommissar in den besetzten Gebieten der UdSSR, das ist entschieden zu hoch gegriffen. Drittens: Die Kornwestheimer Juden wurden nicht deportiert. Aus dem Raum Stuttgart sind aber mehrere tausend Juden deportiert worden, zweifellos auch aus Kornwestheim. Viertens: Trefz habe ein jüdisches Ehepaar gerettet. Bei einem jüdischen Ehepaar sind beide jüdisch. Das ist in keinem der vier Beispiele von Sturm der Fall. Fünftens: Trefz sei nicht bestraft worden. Aber Trefz wurde 1948 als Hauptschuldiger verurteilt, später als Belasteter eingestuft. Er verbüßte eine Haftzeit und wurde zu finanzieller Sühneleistungen verpflichtet.

Das Sturm-Zitat über den Schutz eines jüdischen Ehepaares und die darauf beruhende angebliche Nichtbestrafung von Trefz kann sich nur auf das Ehepaar Wolff beziehen. Denn die Ehepaare Singer und Löw haben keinen Schutz durch Trefz erfahren. Walter Singer kam in ein OT-Lager, Julius Löw musste Theresienstadt ertragen. Und bei den Epsteins hat Sturm nur über den Mann und die Kinder geschrieben, nicht über das Ehepaar. Epsteins Frau ließ er außer Acht. Also bleibt Michael Wolff, der Freund aus der »Kampfzeit«, er steht bei Sturm für die Schutzhaltung des Otto Trefz. Sturm übergeht die Verhaftung Wolffs und dessen Wochen in Dachau. Der Schutz hat nicht funktioniert. Trefz wird trotzdem als Beschützer dargestellt.

Warum bescheinigt Sturm Otto Trefz eine menschenfreundliche Haltung? Auf diese Frage komme ich noch zurück.

Entschädigung für Bombenschäden

Die in den Jahren 1933 bis 1945 an der Spitze der Salamander AG standen, strebten nach Profit. Sie haben Eigentum geraubt, Existenzen zerstört, Menschen aus ihrem Umfeld vertrieben, eine mörderische Testmethode akzeptiert und genutzt, die billigsten Arbeitskräfte eingesetzt und mit der SS paktiert. Als dies nach Jahrzehnten an die Öffentlichkeit kam, ließen sie möglichst alles leugnen oder abschwächen oder durch Verschweigen vergessen machen oder durch »schützende Hände« beschönigen. Der Mangel an Belegen kam diesem Verhalten entgegen. Vieles, wenn auch nicht alles, konnte jedoch nachgewiesen werden.

Ich fand unter anderem im Landesarchiv Berlin Belege, die ein wenig die Lücken schließen. Es sind Briefe und Listen, die etwas über die Zwangsarbeiter und die Zwangsarbeitslager in Berlin aussagen. Die Mitarbeiterin des Landesarchivs meinte zu meiner Frage, ob es Akten über die Salamander AG gäbe, es seien zwei Aktenpakete vorhanden, aber da würde ich wohl nicht finden, was ich suche. Es seien Unterlagen über Entschädigungsforderungen für Bombenschäden. Ich dachte, Entschädigung hat was mit Geld zu tun und das kann durchaus Informationen bringen. Ich ließ mir die zwei Aktenbündel geben. Hier das Ergebnis:

Nach der Kriegssachschädenverordnung vom 30. November 1940 (RGBl. I S. 1547) für einen gewerblichen Sachschaden konnten Anträge an das Kriegsschädenamt auf Entschädigung gestellt werden. Das nahm Salamander für Bombenschäden in Anspruch. In diesen Anträgen musste unter anderem die Rechtsform bzw. die Art des Betriebs angegeben werden: »Wehr- oder Rüstungsbetrieb?« Salamander gab an: Wehrbetrieb 17 806. Das heißt, dass Salamander ein wehrwirtschaftlich relevanter Betrieb war. Damit waren besondere Vergünstigungen verbunden, zum Beispiel konnte die Firmenleitung darauf bestehen, dass Mitarbeiter unabkömmlich seien und nicht zur Wehrmacht eingezogen werden dürfen.

Salamander hätte Walter Singer reklamieren können – wenn er nicht mit einer Jüdin verheiratet gewesen wäre.

Eine andere Frage des Antragformulars lautete: »Ist der – die Geschädigte Jude? Ist der Ehegatte Jude?« Klar, wer hier ein Ja schrieb, erhielt keine Entschädigung für Kriegsschäden. [Abb. 16 →131]

Friedrich Schwarz war der Antragsteller für Berlin. Alle Anträge wurden in der Königstraße 46/47, Berlin C 2, geschrieben. Die Adressen Körnerstraße 19 und Köpenicker Straße 6a–7 sind vielfach durch Briefe mit Salamander-Briefkopf und durch beigefügte Listen belegt, alle von Schwarz unterschrieben.

In einem Schreiben vom 14. Juni 1944 wurde wegen verlorengegangener Unterlagen noch einmal aufgelistet, in welchen Gebäuden Schäden entstanden waren. Die Körnerstraße 19 steht an erster Stelle:

Fliegerschäden vom:	Betrag:
1. 14. 04. Berlin W 30, Körnerstraße 19	21 546,20
2. 06. 04. Bln-Charlbrg., Berliner Straße 130	7 104,50
3. 25. 03. Berlin, Turmstraße 51	12 800,27

An
den Herrn Bezirksbürgermeister
des Verwaltungsbezirks Mitte
der Reichshauptstadt Berlin
— Kriegssachschädenamt —

Schadenstelle: Berlin Charlottenburg
Wilmersdorfer Str./Pl. Nr. 121

Antrag

auf Entschädigung nach der Kriegssachschädenverordnung vom 30. 11. 1940
(RGBl. I S. 1547)

für einen gewerblichen Sachschaden.

(Für andere Kriegsschäden — Gebäudeschäden — sonstige Sachschäden oder Nutzungsschäden — sind besondere Vordrucke zu benutzen.)

I. Antragsteller.

Genaue Firmenbezeichnung: ....

Rechtsform: ....

Art des Betriebes (genaue Bezeichnung über Art der Fertigung, soweit nicht Geheimhaltungsvorschriften die Angaben verbieten): ....

Wehr- oder Rüstungsbetrieb: .... Nr. Wehrbetrieb 17806

a) bei Privatpersonen.

Name und Vorname: .... Fernruf: ....

geb. am .... zu ...., Beruf: ....

Anschrift bei Eintritt des Schadens: ....

Jetzige Anschrift ....

Staatsangehörigkeit des Geschädigten: ....

Falls der Geschädigte die deutsche Staatsangehörigkeit nicht besitzt, liegt dann die Genehmigung des Stadtpräsidenten zur Stellung des Antrages vor? ....

Familienstand: .... Vorname und Mädchenname der Ehefrau: ....

Ist der — die — Geschädigte Jude? .... Ist der Ehegatte Jude? ....

Zahl und Alter der im Haushalt des Antragstellers lebenden Kinder: ....

b) bei juristischen Personen, Personenvereinigungen, Personengemeinschaften, Anstalten, Stiftungen und sonstigen Zweckvermögen.

Ist die Antragstellerin eine jur. Person des öffentlichen oder des Privatrechts? ....

Name: Salamander A.G. Zweigniederlassung Berlin Sitz: ....

Anschrift: Berlin C 2, Königstr. 46 /47

Haupt- oder Zweigniederlassung: Zweigniederlassung Berlin

Leitende Personen: Dr. Alex Haffner, Wilhelm Floruss, Georg Gundelsweiler
Friedrich Schwarz Angelo Hammelbacher, Jakob Sigle

Staatsangehörigkeit: D. Reich Fernruf: 52 55 11

HKS 19 — III — Antrag auf Entschädigung — Gewerblicher Sachschaden —
Mat. 25051 Din A 4. 300000. 4. 44. C/2196

Abb. 16
Antragsformular für Entschädigung
für Kriegsschäden

4.	16. 03. Berlin, Frankf. Allee 80	131,20
5.	08. 04. Berlin, Kurfürstendamm 28	68,05
6.	16. 03. Berlin, Kurfürstendamm 28	156,00
7.	16. 03. Berlin, Oranienstraße 42	262,25
8.	31. 03. Berlin, Königstraße 46/47	1 000,64

Es sind sieben Adressen, Kurfürstendamm 28 ist zweimal aufgeführt. Es gab acht Salamander-Standorte in Berlin. Der achte fehlt hier: Köpenicker Straße 6a–7.

Am 14. April 1944 schrieb Friedrich Schwarz, wie oben schon zitiert, an den Oberbürgermeister – Kriegsschädenamt, dass das Arbeitslager für Polenarbeiter in der Körnerstraße 19 am 29. Januar 1944 durch Brandbomben zerstört worden war. Diesem Antrag lag eine Liste der Gegenstände bei, die sich in dem Haus befanden.

Ich greife nur einige Positionen heraus, die auf die Zahl der in diesem Lager untergebrachten Polen hinweisen: 105 Doppelbetten *(Doppelstockbetten – V. F.)*, 105 Schränke, je 180 Bettbezüge, Laken und Kissenbezüge, 200 Mittagsschüsseln, 300 Bestecke. [Abb. 17 →133] Es ist anzunehmen, dass etwa 200 Menschen in dem Haus leben mussten. Die 50 Beleuchtungskörper, die auf der Liste stehen, lassen auf 50 Räume schließen inkl. Korridore, Koch- und Waschräume. Mit dem Parterre gab es fünf Etagen, zehn Wohnungen. Jede Wohnung wird, nach den Lampen berechnet, etwa fünf Räume gehabt haben, also zwei bis drei Wohnräume. Und in jeder Wohnung waren 20 Menschen untergebracht.

So viel über die Körnerstraße 19. Sie war nicht als Wohn- und Lebensbereich für die polnischen Schuhmacher gedacht, sondern als Massenquartier für Zwangsarbeiter. Im Lager in der Linkstraße 29 wird es nicht besser ausgesehen haben. Belege darüber habe ich nicht gefunden.

A u f s t e l l u n g

Fliegerschaden unseres Arbeitslagers für Polenarbeiter im Hause Berlin W 3o, Körnerstr. 19 am 29. Januar 1944.

Folgende Gegenstände sind vernichtet worden:

1o5	Doppelbetten mit Auflagen	RM	3.15o.--
1o5	Schränke 2 + 3-teilig	"	5.67o.--
5oo	wollene Decken	"	3.5oo.--
18o	grosse Bezüge	"	1.35o.--
18o	Laken	"	1.35o.--
18o	Kissenbezüge	"	261.--
3o	Tische mit Bänke und Hocker	"	339.--
5o	Beleuchtungskörper	"	275.--
6o	Handtücher	"	51.--
1o	Doppelbetten neu	"	35o.--
1o	Doppelschränke neu	"	54o.--
8o	Zt. Steinkohlen	"	157.6o
4o	" Braunkohlenbriketts	"	52.8o
1oo	Stck. neue Besen	"	18o.--
2oo	" Mittagsschüsseln für je 1 Lt. Inhalt	"	17o.--
3oo	" Bestecke, davon 1oo Stck. ganz neu	"	525.--
2	Gas-Kochkessel a 15o Lt.	"	63o.--
1	" " " 12o "	"	28o.--
1	" " " 25o "	"	385.--
1.	Kohlenfeuerungs-Kochkessel a 3oo Lt.	"	1.3oo.--
3	Emaille-Töpfe a 5o Lt.	"	166.5o
2	" " " 2o "	"	57.--
1	" Topf " 2o "	"	128.5o
2	Hockerkocher	"	16o.--
1	Fischbrater für 7o Portionen	"	145.--
1	Eisschrank für Natureis	"	1oo.--
1	Regal	"	1o5.--
1	Vorratsschrank	"	1oo.--
2	Tische	"	42.--
6	neue Emaille-Eimer	"	21.3o
1	grosses Haarsieb	"	12.5o
1	Milchkanne für 2o Lt. Inhalt	"	1o.--
1	grosse Zinkwanne	"	1o.--
4	Holzbottiche für 4o Lt.	"	2o.--
8	Puddingschüsseln a 1o Lt.	"	56.--
6	verzinkte Auffülllöffel div.Gr.	"	6.--
		RM	21.546.2o

Abb. 17
Die der Schadensmeldung beigefügte
Liste der vernichteten Einrichtung
in der Körnerstraße 19

Der erste dokumentierte Bombenschaden an dem Reparaturbetrieb entstand Ende 1943. Es folgten mehrere Schäden, für die Friedrich Schwarz Entschädigung beantragte. Am 18. November 1943 und am 19./20. Januar 1944 waren Bombenschäden in der Köpenicker Straße 6a–7 entstanden und Schwarz beantragte für eine zerstörte und eine beschädigte Maschine 26 670,00 RM Entschädigung. Für die Beseitigung von Fliegerschäden berechnete er 3217,11 RM, für Produktionsausfall und Lohnschäden 11 017,03 RM. Er forderte auch für die »anlässlich der Fliegeralarme ausgefallenen und von uns an die Gefolgschaftsmitglieder bezahlten Arbeitsstunden« 2277,59 RM.

Ich weiß nicht, wem für ausgefallene Arbeitsstunden Lohn bezahlt wurde, den Zwangsarbeitern natürlich nicht, denn die zählten nicht als »Gefolgschaftsmitglieder«. Hat Schwarz die SS-Bewacher entlohnt? Oder gab es Anfang des Jahres 1944 außer den ausländischen Zwangsarbeitern auch deutsche Arbeiter im Reparaturbetrieb? Das bezweifle ich, denn am Ende des Jahres gab es in der Halle im 4. Stock, wo ich arbeitete, außer den Jüdinnen an der Fensterreihe zum zweiten Hof und den beiden Mädchen mit den misshandelten Händen keine Deutschen, die Schuhe reparierten oder sortierten. Und morgens und abends waren auf der Treppe nur Zwangsarbeiter zu sehen. Deutsche Jüdinnen zählten natürlich auch nicht als »Gefolgschaftsmitglieder«.

Eine für mich überraschende Information enthält die Schadensmeldung vom 11. September 1944. »Unsere obige Verkaufsstelle wurde am 20. Juli 1944 durch Fliegerbomben stark beschädigt.« [Abb. 18 →136] Schadenssumme – 1845,65 RM. Für eine starke Beschädigung des Betriebs sind 1845,65 RM eine unverständlich niedrige Summe, aber für eine Verkaufsstelle, wenn sie bescheiden ausgestattet war, durchaus zutreffend.

Ich habe keine Verkaufsstelle im Gebäude Köpenicker Straße 6a–7 gesehen. Salamander-Geschäfte waren durchweg sehr gut eingerichtet. Weder die einzigen zwei Wohnäuser an der Straße noch die beiden Höfe mit dem Fabrikgebäude eigneten sich als Salamander-Geschäft, zumal in einem Arbeiterviertel wie Kreuzberg. Unter »betrifft« wurde »Verkaufsstelle« durchgestrichen und durch »Reparaturbetrieb« ersetzt. Im Brieftext steht trotzdem »Verkaufsstelle«. Wegen der geringen Schadenssumme müsste es sich in der Tat um eine Verkaufsstelle gehandelt haben. Und es wird eindeutig ein »Warenschaden« angegeben: »[...] wir senden eine detaillierte Aufstellung des Warenschadens.« Waren sind etwas anderes als die für Reparaturen benötigten Materialien. Ware ist das, was produziert und verkauft wird. Mit »Warenschaden« konnten nur durch Bomben vernichtete Schuhe gemeint sein.

Es muss eine Verkaufsstelle im Gebäude des Reparaturbetriebs gegeben haben. Es könnte ein ladenähnlicher Raum zur An- und Auslieferung der getragenen Schuhe gewesen sein. Womöglich befand er sich im Erdgeschoss, zu dem die Zwangsarbeiter keinen Zutritt hatten. Während meiner Arbeit konnte ich keinen Blick in die Höfe werfen und keine Lkws sehen, die »Waren« brachten oder abholten. Ich stand in der Hallenmitte.

Nach der geringen Schadenssumme zu urteilen, gab es vermutlich einen ladenähnlichen Raum, in dem man die reparierten Schuhe verkaufte. Indem das Wort »Verkaufsstelle« gestrichen wurde, sollte möglicherweise ein Hinweis auf den Verkauf von Schuhen ohne Besitzer vermieden werden. Aber das Wort wurde zweimal geschrieben und nur einmal gestrichen. Vielleicht ein Versehen, vielleicht sollte es auch im Brieftext gestrichen werden.

Der Bombenschaden, den Schwarz meldete, kann nicht durch einen direkten Treffer entstanden sein, denn

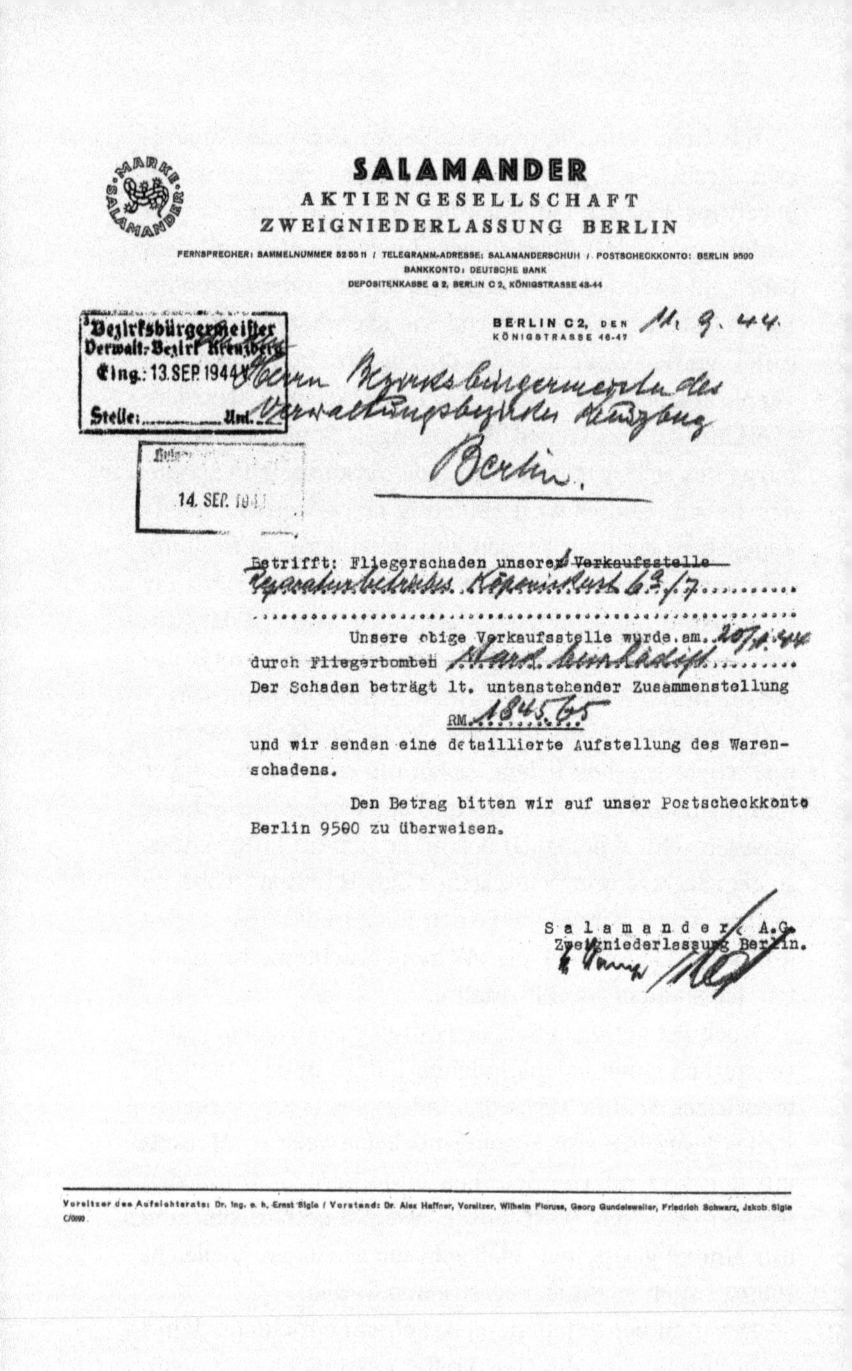

SALAMANDER
AKTIENGESELLSCHAFT
ZWEIGNIEDERLASSUNG BERLIN

FERNSPRECHER: SAMMELNUMMER 52 55 11 / TELEGRAMM-ADRESSE: SALAMANDERSCHUH / POSTSCHECKKONTO: BERLIN 9500
BANKKONTO: DEUTSCHE BANK
DEPOSITENKASSE Q 2, BERLIN C 2, KÖNIGSTRASSE 43-44

Bezirksbürgermeister
Verwalt.-Bezirk Kreuzberg
Eing.: 13. SEP. 1944
Stelle: .... Anl. ....

14. SEP. 1944

BERLIN C2, DEN 11. 9. 44.
KÖNIGSTRASSE 46-47

Herrn Bezirksbürgermeister des Verwaltungsbezirks Kreuzberg
Berlin.

Betrifft: Fliegerschaden unseres ~~Verkaufsstelle~~ Reparaturbetriebes Köpenickerstr. 6a/7

Unsere obige Verkaufsstelle wurde am 20/7.44 durch Fliegerbomben stark beschädigt.
Der Schaden beträgt lt. untenstehender Zusammenstellung

RM. 1845,65

und wir senden eine detaillierte Aufstellung des Warenschadens.

Den Betrag bitten wir auf unser Postscheckkonto Berlin 9500 zu überweisen.

Salamander A.G.
Zweigniederlassung Berlin.

Vorsitzer des Aufsichtsrats: Dr. Ing. e. h. Ernst Sigle / Vorstand: Dr. Alex Haffner, Vorsitzer, Wilhelm Floruss, Georg Gundelsweiler, Friedrich Schwarz, Jakob Sigle
C/0890

Abb. 18
Meldung des Bombenschadens
am 20. Juli 1944 in der Köpenicker Straße 6a–7

Bomben fallen nicht ins Erdgeschoss, sondern aufs Dach. Auch ein Schaden durch Druck eines Bombeneinschlags in der Nähe erscheint denkbar. Aber nur im Erdgeschoss? Wie merkwürdig. Das entspricht nicht meinen Erfahrungen. Ich weiß, was der Druck einer in der Nähe detonierenden Bombe bewirkt. In den Straßen um den Strausberger Platz, wo ich wohnte, fielen sehr viele Bomben. Ich verstehe nicht, wie es zu dem Schaden am 20. Juli 1944 gekommen sein kann. Wo befand sich diese »Verkaufsstelle«? Den gesamten Gebäudekomplex konnte ich nicht überschauen.

Ein anderer Schaden, der vom November 1943, wurde am 17. März 1944 aufgelistet. Zu beachten ist die Formulierung »unser Reparaturbetrieb«, mit der Schwarz den Betreiber dokumentierte:

»Unser Reparaturbetrieb wurde beim Fliegerangriff vom 18. November 1943 durch Brandbomben sehr schwer in Mitleidenschaft gezogen und ein großer Teil des Materiallagers ist dabei verbrannt. Wir melden zunächst einen Teilschaden lt. beiliegender Aufstellung und bitten den Betrag von RM 193 742,41 auf unser Postscheckkonto Berlin 9500 zu überweisen. Weitere Schadensmeldungen lassen wir folgen.« [Abb. 19 →138]

Die Aufstellung ist fünf Seiten lang und reicht von 83 Randbürsten über 33 kg Klebelösung, 65 m Gummiband, 283 Goldpapierrollen bis zu 20 976 kg Gummisohlen mit Verarbeitung, insgesamt 161 Positionen. [Abb. 20 →139] Das war nur ein Teil des vernichteten Materiallagers. Es heißt ausdrücklich »Materiallager«. Man beachte, dass in den Schadensmeldungen vom 20. Juli 1944 und vom 18. November 1943 »Material« und »Waren« sehr wohl unterschieden wurden und dass es am 20. Juli um eine »Verkaufsstelle« ging, um einen Raum für den Verkauf von »Waren«.

SALAMANDER
AKTIENGESELLSCHAFT
ZWEIGNIEDERLASSUNG BERLIN

FERNSPRECHER: SAMMELNUMMER 52 65 11 · TELEGRAMM-ADRESSE: SALAMANDERSCHUH · POSTSCHECKKONTO: BERL. 9500
BANKKONTO: DEUTSCHE BANK
DEPOSITENKASSE G2, BERLIN C2, KÖNIGSTRASSE 43-44
RF-NR. 2/0250/4108 · 0/0250/4108

K/Ki.

BERLIN C2, DEN 17. März 1944
KÖNIGSTRASSE 46-47

Bezirksbürgermeister
Verwalt.-Bezirk Kreuzberg
Eing.: 20.MRZ.1944V.
Stelle: .... Anl. ......

An den

Herrn Bezirksbürgermeister des Verwaltungsbezirks Kreuzberg
- Kriegsschädenamt -

B e r l i n

Betr.: Fliegerschaden unseres Reparaturbetriebes Berlin, Köpenickerstr. 6a/7 am 18. November 1943

Unser Reparaturbetrieb wurde beim Fliegerangriff vom 18. November 1943 durch Brandbomben sehr schwer in Mitleidenschaft gezogen und ein großer Teil des Materiallagers ist dabei verbrannt.

Wir melden zunächst einen Teilschaden lt. beiliegender Aufstellung und bitten den Betrag von

RM 193742.41

auf unser Postscheckkonto Berlin 9500 zu überweisen.

Weitere Schadensmeldungen lassen wir folgen.

Heil Hitler!

S a l a m a n d e r A. G.
Zweigniederlassung Berlin

Anlage

Kartei angel. 14.4.44 Ki.

Abb. 19
Meldung des Bombenschadens am 18. November 1943 im Materiallager in der Köpenicker Str. 6a–7

F l i e g e r s c h a d e n

Salamander A. G. Reparaturbetrieb
Berlin SO 36, Köpenickerstr. 6a/ 7
vom 18. zum 19. 11. 1943

Randbürsten	83	Stück	à RM	1.75	RM 145.25
Wollgarnbürsten groß	16	"	" "	6.--	" 96.--
Sämischlederbürsten	52	"	" "	-.78	" 40.56
Rißleimbürsten	8	"	" "	-.30	" 2.40
Roßhaarbürsten groß	25	"	" "	6.70	" 167.50
" klein	9	"	" "	3.40	" 30.60
Wollgarnbürsten	15	"	" "	3.40	" 51.--
Bimskissen Nr. 35	15550	"	" "	6.85 %	" 1065.17
" " 120	26650	"	" "	4.-- %	" 1066.--
" " 150	3600	"	" "	6.40 %	" 230.40
Best Superior	365½	kg.	" "	11.33	" 4141.11
Frontfinger	920	Stück	" "	3.60	" 331.20
Filzstreifen	11	"	" "	2.40	" 26.40
Frontleder aus Vacheleder klein	4765	"	" "	-.09	" 428.85
" " " groß	4933	"	" "	-.09	" 443.97
Combination 35/24 mm	370	Roll.	" "	1.40	" 518.--
" 6 cm	195	"	" "	2.36	" 460.20
" 10 cm	216	"	" "	2.05	" 442.80
Dalbolin Crem mittelbraun	10	kg.	" "	1.75	" 17.50
" " rotbraun	10	"	" "	1.75	" 17.50
Klebelösung A + B	33	"	" "	2.66	" 87.78
Hartpaste schwarz	73	"	" "	-.85	" 62.05
" farblos	224	"	" "	-.76	" 170.24
Drellfutter	73	m	" "	-.80	" 58.40
Kaltklebeband	10	"	" "	1.10	" 11.--
Schnittschwärze	425	kg.	" "	1.93	" 820.25
Beizschwärze	40	"	" "	1.55	" 62.--
Absatzbeize schwarz	140	"	" "	1.45	" 203.--
" braun	115	"	" "	1.44	" 165.60
Schnitt + Absatzfarbe dunkelbraun	470	"	" "	1. 18	" 554.60
" " hellbraun	35	"	" "	1.18	" 41.30
					RM 11958.63

Übertrag:

Abb. 20
Erste Seite der aufgelisteten Schäden
im Materiallager

Am 18. März 1945 traf eine Bombe den Reparaturbetrieb, und Friedrich Schwarz bat am 9. April um sofortige Überweisung der Schadenssumme.

»Anlässlich des Terrorangriffes vom 18. März 1945, ist unser Reparaturbetrieb vollständig vernichtet worden und ausgebrannt. Der Schaden, der dabei an Maschinen, Leisten und Materialien entstand, dürfte sich auf mindestens RM 500 000 belaufen, und da wir im Interesse der Bevölkerung den Betrieb so rasch wie möglich wieder in Gang bringen wollen, müssen die nötigen Maschinen, Leisten etc. wieder angeschafft werden. Wir ersuchen daher zu deren Bezahlung um eine sofortige Überweisung von mindestens 60 % auf unser Postscheckkonto Berlin 9500. Detaillierte Schadensmeldung lassen wir folgen.« **[Abb. 21** →142**]**

Sofort am 9. April teilte das Hauptamt für Kriegssachschäden mit: »Zu überweisen sind 300 000 RM, i. B. dreihunderttausend an die Firma Salamander Aktiengesellschaft, Zweigniederlassung Berlin, Berlin C 2, Königstraße 43–44, Fälligkeit: s o f o r t«. **[Abb. 22** →143**]**

An diesem 18. März hockte ich mit etwa zwanzig Zwangsarbeiterinnen und Zwangsarbeitern im Luftschutzkeller eines Wohnhauses an der Straße und eine Bombe schlug direkt über uns ein. Das Licht verlöschte langsam, Kalk und Staub fiel auf uns nieder. Ich dachte ganz klar: Gleich kommt die Decke runter. Aber die Decke hielt. Wir waren verschüttet. Die Franzosen schlugen ein Loch in den für einen solchen Fall provisorisch vermauerten Durchbruch zum Nebenhaus und zum übernächsten Haus und wir konnten uns retten.

Die Fotoaufnahme des Gebäudes der Reparaturwerkstatt, die in den 90er Jahren gemacht wurde, zeigt das Haus genauso wie damals: Die Seitentrakte sind vollkommen erhalten, nur die Halle der 4. Etage des Mitteltraktes fehlt. Dort hatte ich Schuhe sortiert. Die große Durchfahrt zum nächsten Hof ist mit Fliesen verkleidet. Es sind noch dieselben, an denen ich täglich vorbeiging. [Abb. 23 und 24 →144]

Der Berliner Direktor Schwarz gab Totalschaden an, forderte eine halbe Million und erhielt 300 000 RM. Diese Summe wurde am 9. April avisiert und war sofort verfügbar. Ein paar Tage später begann der Kampf um Berlin. Schwarz wusste, dass niemand kontrollieren würde, was zerstört worden war. Berlin war in dieser Zeit eine chaotische Stadt mit Trümmerbergen. Schwarz hat von diesem untergehenden Staat kassiert, was er ohne Risiko bekommen konnte. Gewöhnlich nennt man das Betrug.

Das Gebäude in der Köpenicker Straße war vollgestopft mit Schuhen. In keinem Antrag auf Entschädigung wurden vernichtete Schuhe angegeben. Nur das Wort »Warenlager« taucht auf. Es steht unmissverständlich für »Schuhe«. Wegen des Schadens vom 18. November 1943, für den 193 742,41 RM Entschädigung beantragt worden waren, gab es ein Verfahren. Das Hauptamt für Kriegsschäden teilte der Firma Salamander mit, dass die gewährte Entschädigung für das vernichtete Materiallager als rechtens bestätigt wird. Aber danach steht: »Der weitere Entschädigungsanspruch bezüglich Ihres Schadens am Warenlager war abzuweisen.« [Abb. 25 →145]

Dieser Satz der Behörde ist ein amtlicher Beleg für Schuhe im Reparaturbetrieb. Ein Warenlager wird genannt und Ware ist, wie schon gesagt, das, was verkauft werden soll, nicht das zu verarbeitende Material. Die in der Köpenicker Straße vorhandene Ware waren die Schuhe ohne Besitzer.

Es gab einen Antrag wegen dieser vernichteten Schuhe. Wenn er abgewiesen wurde, kann es zwei Gründe gegeben haben: Entweder Salamander konnte für die Schuhe

SALAMANDER
AKTIENGESELLSCHAFT
ZWEIGNIEDERLASSUNG BERLIN

Fernsprecher: Sammelnummer 52 55 11
Postscheck-Konto: Berlin 9500
Bank-Konto: Deutsche Bank
RF-Nr. 2/0250/4108 · 0/0250/4108

An das
Hauptkriegsschädenamt
Berlin
B e r l i n

Berlin C2, den 9. April 1945.
Königstraße 46-47

K/Dr.

Betrifft: Fliegerschaden unseres Reparaturbetriebes Berlin SO, Köpenickerstr. 6 a - 7, vom 18.März 1945.

Anlässlich des Terrorangriffes vom 18.März 1945, ist unser Reparaturbetrieb vollständig vernichtet worden und ausgebrannt. Der Schaden, der dabei an Maschinen, Leisten und Materialien entstand, dürfte sich auf mindestens

RM 500.000

belaufen, und da wir im Interesse der Bevölkerung den Betrieb so rasch wie möglich wieder in Gang bringen wollen, müssen die nötigen Maschinen, Leisten etc. wieder angeschafft werden. Wir ersuchen daher zu deren Bezahlung um eine sofortige Überweisung von mindestens 60% auf unser Postscheckkonto Berlin 9500. Detailierte Schadensmeldung lassen wir folgen.

S a l a m a n d e r A. G.
Zweigniederlassung Berlin

Vorsitzer des Aufsichtsrats: Dr. Ing. e. h. Ernst Sigle · Vorstand: Dr. Alex Haffner, Vorsitzer, Wilhelm Floruss, Georg Gundelsweiler, Friedrich Schwarz, Jakob Sigle

Abb. 21
Meldung des Bombenschadens vom 18. März 1945: Totalschaden des Reparaturbetriebs Köpenicker Str. 6a–7

– 2 –

4.) Ausgabeanweisung an die Stadthauptkasse, Anhang g/1945....
Abschnitt F^2, Titel III, Post 1, über
zu 4) ab 12/4.45 f 300000 RM ___ Rpf..
– i.B.– pp.– Dreihunderttausend
an die Firma Salamander Aktiengesellschaft Zweigniederlassung Berlin
.........Berlin C.2, Königstraße 46/47.................
Konto: Deutsche Bank, Depka G 2, Berlin C.2, Königstraße 43.44
Fällig: S o f o r t .
Begründung: Vorauszahlung vom heutigen Tage.
–Sachlich richtig. –

5.) Überweisungsmaterial fertigen (z. ~~Antrag~~ Schreiben v....9.4.1945....)

6.) Zahlungsanweisung zu 4) bescheinigt durch ....
am....9.4.1945.........

7.) Vermerk auf dem Vorblatt.

8.) Vermerk in der Kartei.

9.) Wv.

Berlin, den ...9. April...1945....
Der Oberbürgermeister
– Hauptamt für Kriegssachschäden –
I.A.:
Dr. Schaffarczyk
f. 9.4.

Vor Erteilung der Ausfertigung zu 1)
Herrn Vertreter des Reichsinteresses
Herrn Stadtdir. Dr. Haas
(mit Reinschrift zu 4)
z.g.Zustimmung.

Bitte künftig ... einige ... für die Höhe der ... zu fordern u. anzugeben
H 9/4

Abb. 22
Anweisung des Oberbürgermeisters vom 9. April 1945 zur sofortigen Zahlung von 300 000 RM Entschädigung

Abb. 23, 24
Eingang zur Köpenicker Straße 6a–7.
Das Gebäude der Reparaturwerkstatt in der
Köpenicker Straße 6a–7, seit 1945 unverändert

Der Oberbürgermeister
der Reichshauptstadt Berlin
Hauptamt für Kriegssachschäden
- H K S/V C 8 -

Berlin C 2, den 12. Februar 1945
Rathaus, Königstrasse

Bescheid.

In dem Entschädigungsverfahren der Firma Salamander Aktiengesellschaft, Zweigniederlassung Berlin, vertreten durch ihr Vorstandsmitglied Kaufmann Friedrich Schwarz in Berlin, wegen eines Kriegssachschadens wird auf Grund der Kriegssachschädenverordnung vom 30.11.1940 - RGBl. I Seite 1547 - von dem Oberbürgermeister der Reichshauptstadt Berlin (Hauptamt für Kriegssachschäden) als Feststellungsbehörde erster Rechtsstufe unter Zustimmung des Vertreters des Reichsinteresses folgender ~~Teil~~Bescheid erlassen:

Es wird festgestellt, dass ein erstattungsfähiger Kriegssachschad
vorliegt.
Der Geschädigten steht einschliesslich der durch Mindestbetragsbescheid vom 11.11.1944 zuerkannten und geleisteten Zahlung von 180.000.-- RM eine Entschädigung in Höhe von 191.776.29 RM, in Buchstaben: Hunderteinundneunzigtausendsiebenhundertsechsundsiebenzig Reichsmark 29 Rpfg.zu, die in Höhe von
11.776.29 RM
in Buchstaben: Elftausendsiebenhundertsechsundsiebenzig Reichsmark 29 Rpf. -
alsbald zu gewähren ist.
Im übrigen wird der Antrag abgewiesen.
Das Verfahren ist kostenfrei.

Gründe.

Die Geschädigte hat nach den Entschädigungsanträgen vom 17.3.und 7.6.1944 nebst Anlagen in ihrem Reparaturbetrieb in Berlin SO 36, Köpenicker Strasse 6a/7 durch Fliegerangriff vom 18.11.1943 Kriegschäden am Warenlager und infolge von Wiederinstandsetzungsarbeit im Sinne der §§ 1, 2 Abs.1 Ziff. 1 KSSchVO. erlitten. Indiesen Anträgen hat sie die Schäden im einzelnen aufgeführt und den Schaden an Warenlager auf 193.742.41 RM und die Kosten für Wiedererstellungsarbeiten auf 3217.11 RM beziffert. Nach den erhobenen Feststellungen (§ 17 KSSchVO.) und auf Grund der Einsichtnahme in die Geschäftsbücher und sonstigen Beweisunterlagen ist nachgewiesen, dass ein erstattungsfähiger Kriegssachschaden eingetreten ist und dass die Geschädigte entsprechend ihrer Angabe nur einen Schaden

an Warenlager von	. . . .	188.559.18 RM
" Wiederherstellungskosten	. . . .	3.217.11 "
zusammen:		191.776.29 RM

erlitten hat. Daher wurde ihr auch nur in dieser Höhe eine Entschädigung gewährt. Der weitergehende Entschädigungsanspruch bezüglich ihres Schadens an Warenlager war abzuweisen.

Die

Abb. 25
Schreiben des Oberbürgermeisters
vom 12. Februar 1945 mit der Ablehnung
einer Entschädigung für ein Warenlager

keinen Beleg erbringen. Das heißt: Für die gelieferten Schuhe aus KZs besaß Salamander keine Belege, weil nichts bezahlt werden musste, vielleicht nur die Kosten für den Transport. Oder Friedrich Schwarz wollte keine Belege präsentieren, weil sie eindeutig auf die Herkunft der Schuhe hingewiesen hätten. So etwas zu belegen hatte der verantwortliche Leiter des Reparaturbetriebs sicher nicht vor. Schließlich war das Ende des Nazi-Regimes absehbar, und in der Zeit danach könnte es zu heiklen Nachfragen kommen.

Der Umgang mit der Verantwortung

Es sei noch einmal gesagt: Salamander hat viel zu verantworten, nicht die Firma als solche, sondern die Männer, die sie leiteten. Ihre Namen sind Alex Haffner, Angelo Hammelbacher, Robert Eichenlaub, Ernst Sigle.

Auf die Verantwortung für die »Arisierungen« beriefen sich ehemalige Eigentümer von Fabriken und Geschäften, nachdem die Bundesrepublik das Rückerstattungsgesetz erlassen hatte. Viele waren finanziell in der Lage, auf juristischem Weg eine Entschädigung zu fordern, oder sie wurden von der Jewish Claims Conference, der 1951 gegründeten jüdischen Hilfsorganisation, unterstützt. Für die große Zahl der Zwangsarbeiter bahnte sich erst 1999 eine Möglichkeit der Entschädigung an, die aber äußerst dürftig ausfiel und nur wenigen zugestanden wurde. Die »natürliche« Lösung des Problems war die Regel. Viele Zwangsarbeiter lebten am Ende des Jahrhunderts nicht mehr oder erhielten nie eine Entschädigung, weil sich ihre Verfahren über Jahre hinzogen.

Verantwortung für »Arisierungen« und Zwangsarbeit sind rein formal als erledigt abzuhaken. Die moralische Seite bleibt eine Last, die nicht abgetragen werden kann, es sei denn, Schuldige und Mitschuldige bekennen sich zu dem, was sie zu verantworten haben.

Die »Schuhläufer« des KZs Sachsenhausen können weder Entschädigung noch Schuldbekenntnisse fordern. Sie haben in der Regel nicht überlebt. Es gibt heute (2016) nur noch fünf Männer, die über die »Schuhprüfstrecke« marschieren mussten. Anne Sudrows Buch ist eine längst fällige Anklage, auch eine Aufforderung, sich der Verantwortung zu stellen und die moralische Last der Schuld abzutragen.

Mit Bezug auf Petra Bräutigam und Anne Sudrow versuche ich, zwei Fragen zu beantworten:

Wofür sind die Männer von Salamander verantwortlich? Wurden sie dafür nach 1945 juristisch belangt?

Kommissionen zur Entnazifizierung befassten sich mit dem Problem. Sie ordneten im Prinzip die Personen, deren Akten auf ihren Tisch kamen, zwei Gruppen zu: 1. nur nominelle Mitglieder der Nazi-Partei, sogenannte Mitläufer, und 2. mit Schuld belastete Personen.

Alle genannten Direktoren waren Mitglieder der NSDAP. Das vorausgesetzt, ist zu fragen, was sie im Sinne dieser Partei und des Regimes getan haben.

Sturm gibt zwei Hinweise. Angelo Hammelbacher war »in Kornwestheim in örtlichen Parteiorganisationen um eine ortsgebundene Popularität der Werksführung besorgt«. Er war Verbindungsmann zur Nazi-Partei Kornwestheims. Und Friedrich Schwarz unterhielt die Verbindung zur Reichsleitung der NSDAP in Berlin. An ihn ging der Brief, dass sich Salamander als »arischer« Betrieb betrachten könne. (schH) Bei den Kontakten ging es sicher nicht um Gespräche über das Wetter und den Nachmittagskaffee.

Wie verhielten sich die Salamander-Direktoren?

Zur »Arisierung« durch Eigentumsraub und zu der Entfernung jüdischer leitender Mitarbeiter und Alleinverkäufer aus dem Unternehmen vermerke ich nur, dass alle Maßnahmen und Handlungen der Firmenleitung dem Willen des antihumanen NS-Regimes entsprachen. Was zur »Arisierung« getan wurde, haben vorrangig Alex Haffner und die Familie Sigle zu verantworten. Petra Bräutigam hat Einzelheiten dazu dargelegt, konnte aber aufgrund der Sachlage die Verantwortung nur pauschal der Firma zuweisen und nicht auf einzelne Personen beziehen.

Hanspeter Sturm äußerte sich 1999 in einer Anmerkung dazu: »1938 machte die Firma einmal davon Gebrauch, unmittelbar jüdische Aktienanteile zu erwerben. Dieser eigene Aktienkauf betrug nominal 0,993 Millionen Mark.« (schH) Man ergriff die Möglichkeit des Aktienraubs. Zu einem Minimalwert. Aber nur einmal, erklärt Sturm. Es gehört Mut dazu, so dreist zu lügen. 1958 schrieb er, Salamander habe »mit finanziellen Beteiligungen bisher keine ausweitende Tendenz verfolgt. 1936 wich die Firma hiervon erstmalig ab [...] 6 Millionen RM Aktien der J. Mayer & Sohn Leder AG in Offenbach gingen in das Eigentum der Firma über.« (GSal S. 85) Es kamen noch andere hinzu. »Einmal« heißt es bei Sturm 1999, »erstmalig« 1958, war er noch näher an der Wahrheit dran.

Sturm schrieb diese Anmerkung, als sich Salamanders Beteiligung an »Arisierungen« auch in Kornwestheim herumgesprochen haben musste. Diese Anmerkung gehört zum Abschnitt »Der Kurs im Dritten Reich nach 1936«, aber sie steht in keinem direkten Bezug zum Text. Ich verstehe es als eine unauffällig eingefügte Reaktion auf das 1997 erschienene Buch von Petra Bräutigam.

Salamanders Aktivität bei den »Arisierungen« konnte nicht Einzelpersonen zugewiesen werden, wie es juristisch erforderlich wäre. Anders liegen die Dinge bei der lange Zeit tabuisierten »Schuhprüfstrecke« im KZ Sachsenhausen. Da kennt man die Verantwortlichen für die konkreten Maßnahmen. Anne Sudrow hat sie recherchiert.

In der Schuh- und Lederindustrie entstand zu Beginn des Krieges vermehrt ein Konkurrenzverhalten, es ging um Rohstoffkontingente und Herstellungsbewilligungen für die dringend benötigten Ersatzmaterialien für Leder. Die Firma Freudenberg in Weinheim setzte sich für Gummi ein, speziell für Sohlen, die Firma Salamander in Kornwestheim/Türkheim für Lederfaserwerkstoffe. Das waren die beiden größten, stärksten Unternehmen der Branche.

Die entwickelten und in Test-Modellen verwendeten Ersatzstoffe wurden durch Häftlinge in Strafkommandos im KZ Sachsenhausen getestet.

Die Verantwortung für die Versuche vor Ort trug der Leiter der Schuhprüfstelle. Er war ständig im Lager präsent und überwachte den Versuchsablauf. »Das waren von 1940 bis 1943 Karl Poser und von Juli 1943 bis Kriegsende Ernst Brennscheidt.« (AnSu S. 528) Ihnen unterstand alles, was zur »Schühprüfstrecke« gehörte, auch das Schuhläuferkommando, das anfangs aus 120 Häftlingen, ab November 1943 aus 150 bis 170 Häftlingen bestand. Brennscheidt stand 1947 vor Gericht. Bei seiner Vernehmung am 19. Dezember 1946 sagte er:

»Vor meiner Ernennung zum Leiter der Schuhprüfstrecke legten die Häftlinge des Schuhläuferkommandos täglich 32 bis 33 km zurück. Ich aber habe die zurückzulegende Strecke [...] erhöht. Unter meiner persönlichen Aufsicht [...] hat das Schuhläuferkommando nicht weniger als 40 km zurückgelegt [...] Ich war mir bewusst, dass die Erhöhung der Marschstrecke einen gewissen Vorteil beim Reichswirtschaftsministerium bot, da ein Ergebnis in der Erprobung der Schuhe schneller erzielt wurde, und außerdem hatte das Reichswirtschaftsministerium weniger Ausgaben, und ich berücksichtigte dabei, dass das Ministerium der Lagerführung 6 RM für jeden Häftling, unabhängig von der von diesem Häftling zurückgelegten Strecke, zahlte. Die Erhöhung der Marschstrecke wurde durch eine Erhöhung des Marschtempos erzielt.« (AnSu S. 532)

Um die Entwicklung der Ersatzstoffe, ihre Prüfung und Bewertung zu organisieren, wurden, wie oben erwähnt, Ausschüsse gebildet, in denen die wichtigsten Unternehmen mitwirkten. Sie werteten die Ergebnisse regelmäßig aus. Danach richtete sich, was hergestellt werden konnte bzw. durfte. Die Ausschüsse tagten ab 1940. Dazu einige Beispiele:

»Der Güteausschuss für Straßenschuhlaufsohlen, Hausschuhsohlen, Zwischensohlen und Absatzbau tagte erstmals am 5. November 1940 [...] Von Seiten der Unternehmen waren hier vertreten: die Salamander AG zweifach durch ihren Direktor Angelo Hammelbacher (Kornwestheim) und den Leiter ihres Lederfaserstoffwerks, Robert Eichenlaub (Türkheim).« (AnSu S. 548/549)

»Auch die Hersteller von Schuhpflegemitteln ließen ihre Produkte vergleichend prüfen. Die Häftlinge des Schuhprüfkommandos mussten die Schuhe täglich mit verschiedenen Pflegemitteln behandeln.« (AnSu S. 546) Die Salamander AG Kornwestheim/Türkheim ist in diesem Zusammenhang dokumentiert.

Teile von Schuhen oder die kompletten Schuhe aus Ersatzstoffen wurden nicht gesteppt, sondern geklebt. Die Versuche mit Klebstoffen im KZ Sachsenhausen nahmen einen wichtigen Platz in der Forschung ein. Sie begannen im August 1940. Vier Klebstoffe der häufigsten Fabrikate wurden als »Standard-Klebstoffe« untersucht, das waren die Fabrikate Ago-Goldsiegel der Firma Atlas Ago AG, ein Fabrikat von IG Farben Uerdingen und zwei andere.

Im Reparaturbetrieb von Salamander wurde der Ago-Klebstoff verwendet. Ich musste Schuhe mit einem damals oft verwendeten Lederstreifen über der Hackennaht auf Karren zu einer Gruppe von Polen schieben, die abgelöste oder leicht ablösbare Lederstreifen mit Ago festklebten.

Ein weiteres Zitat aus Anne Sudrows Buch: »Im Zuge der Rationalisierungsbestrebungen 1943 und nachdem die Bewirtschaftung an die Unternehmen selbst übergegangen war, [...] kam es zu Stilllegungen von neun Unternehmen und der Konzentration der Produktion bei den führenden Großbetrieben.« (AnSu S. 552/553) Die Gründe dafür trug Robert Eichenlaub, Leiter der Fachabteilung Lederfaserwerkstoffe, vor. Salamander besaß eine Macht-Position im Bereich der Ersatzstoffe, weil es der bei Weitem größte Hersteller von Lederfaserstoffen der Güteklassen I und II war.

»Im letzten Kriegsjahr entschieden in ihrer Funktion als Leiter bzw. Abgeordnete der Ausschüsse die beiden Konzerne Freudenberg und Salamander sowie einige Gummihersteller und Hersteller von Lederersatz auf textiler Basis de facto, was produziert wurde und welche Unternehmen der Branche aus der Produktion ausgeschaltet wurden. Ihre Inhaber und technischen Leiter waren in den verschiedenen Ausschüssen der Schuh- und Ersatzstoffindustrie am häufigsten vertreten.

Die Firma Salamander wurde durch ihren Inhaber Ernst Sigle und verschiedene leitende Mitarbeiter in den Ausschüssen vertreten. Ernst Sigle vertrat die Firma im Sonderausschuss Wehrmachtschuhwerk; Angelo Hammelbacher, der Direktor der Schuhfabrik Kornwestheim, nahm eine führende Position in den Klebstoff-Ausschüssen der Fachgruppe Kautschukindustrie und Gemeinschaft Schuhe ein, Robert Eichenlaub, der Direktor des Lederfaserstoffwerks in Türkheim, war von 1940 bis 1945 Leiter der Fachabteilung LFWS; Eichenlaub und Hammelbacher vertraten die Firma in mehreren Güteausschüssen für LFWS; Eichenlaub wurde im April 1944 eines von vier Mitgliedern der Fachabteilung Lederaustauschstoffe.« (AnSu S. 554/555)

Leder für Wehrmachtstiefel raubte der NS-Staat in den besetzten Ländern und in der Sowjetunion. Das reichte bis 1943, dann mussten auch für den Wehrmachtsbedarf Ersatzstoffe verarbeitet werden, an denen es aber auch mangelte. Speziell ging es um Stiefelsohlen. »In der Entwicklungskommission saßen die wichtigsten Leistenhersteller: Armin Winkle aus Altenstadt an der Iller und Walter Freudenberg aus Weinheim und Ernst Sigle aus Kornwestheim und der orthopädische Arzt Wilhelm Thomsen aus Frankfurt am Main.« (AnSu S. 575) Die Prüfung der Wehrmachtsstiefel auf der »Schuhprüfstrecke« begann 1944. Zwischen Januar und Juni wurde bereits ein Einheitsschnürstiefel für Heer, Marine und Luftwaffe entwickelt. In einer zweiten Testreihe ging es um Gummisohlen.

Anne Sudrow führt Dokumente an, die belegen, dass die Vertreter der Unternehmen mehrfach vor Ort die Tests kontrollierten. Die Häftlinge mussten vor ihnen antreten, die Schuhe ausziehen und den zur Prüfung Erschienenen geben. Sie wussten alle, was auf der »Schuhprüfstrecke« passierte.

An diesen Tests waren auch wissenschaftliche Institute beteiligt: Hans Herfeld von der Deutschen Versuchsanstalt, Paul Kluckow vom Materialprüfungsamt in Berlin-Dahlem. Sitz und Stimme in diesem Gremium hatten auch Mitglieder der Klebstoff-Ausschüsse und Karl Poser, der erste Leiter der »Schuhprüfstrecke«.

Die Verantwortung für den Einsatz von KZ-Häftlingen haben alle zu tragen, die beteiligt waren. Salamander und Freudenberg waren wichtige Entscheidungsträger bei allen Tests.

Außer dem »Schuhläuferkommando« gab es auch »Trennkommandos«. Sie wurden bei der Verwertung von nicht mehr tragbaren Schuhen eingesetzt. Salamanders Direktor Eichenlaub hatte maßgeblichen Anteil daran. 1942 entspann sich in dem Unternehmen der Fachabteilung Lederfaserwerkstoffe und dem Reichsamt für Wirtschaftsausbau eine Diskussion um die zweckmäßigste Art der Zerkleinerung von Altschuhwerk.

»Nachdem der Reichskommissar für Altmaterialverwertung die Unternehmen am 10. August 1942 wissen ließ, dass nunmehr größere Mengen von Altschuhen vorhanden seien, bildeten diese im Auftrag des Reichswirtschaftsministeriums einen Ausschuss, durch den die Verwertung von Altschuhen nun energisch gefördert werden sollte. Robert Eichenlaub vertrat den Standpunkt, eine sorgfältige Trennung der Altschuhe in die wichtigsten Bestandteile Gummi, Leder und Textil sei nur durch Handarbeit möglich, auch wenn dies einen recht hohen Arbeitseinsatz erfordere. Erst die bereits vorsortierten Lederstücke sollten zu Fasern zermahlen werden.« (AnSu S. 616/617)

Das Reichsamt war der Meinung, rein maschinell zu verfahren. Die Versuche waren allerdings nicht erfolgreich und Eichenlaub setzte sich mit seinem Vorschlag durch. Wegen des Mangels an Arbeitskräften für das Trennen der Schuhe haben die Unternehmen auf einer gemeinsamen Sitzung im Oktober 1942 darüber beraten, Häftlinge einzusetzen. Man ließ schließlich »Trennkommandos« in Handarbeit die nicht mehr tragbaren Schuhe zerlegen, um Rohmaterial für Lederfaserwerkstoff zu gewinnen.

Nach 1945 haben die an Raub und mörderischen Tests Beteiligten jede Schuld von sich gewiesen, denn sie hätten ja gar nichts davon gewusst. Oder sie leugneten die Fakten oder verweigerten jede Auskunft.

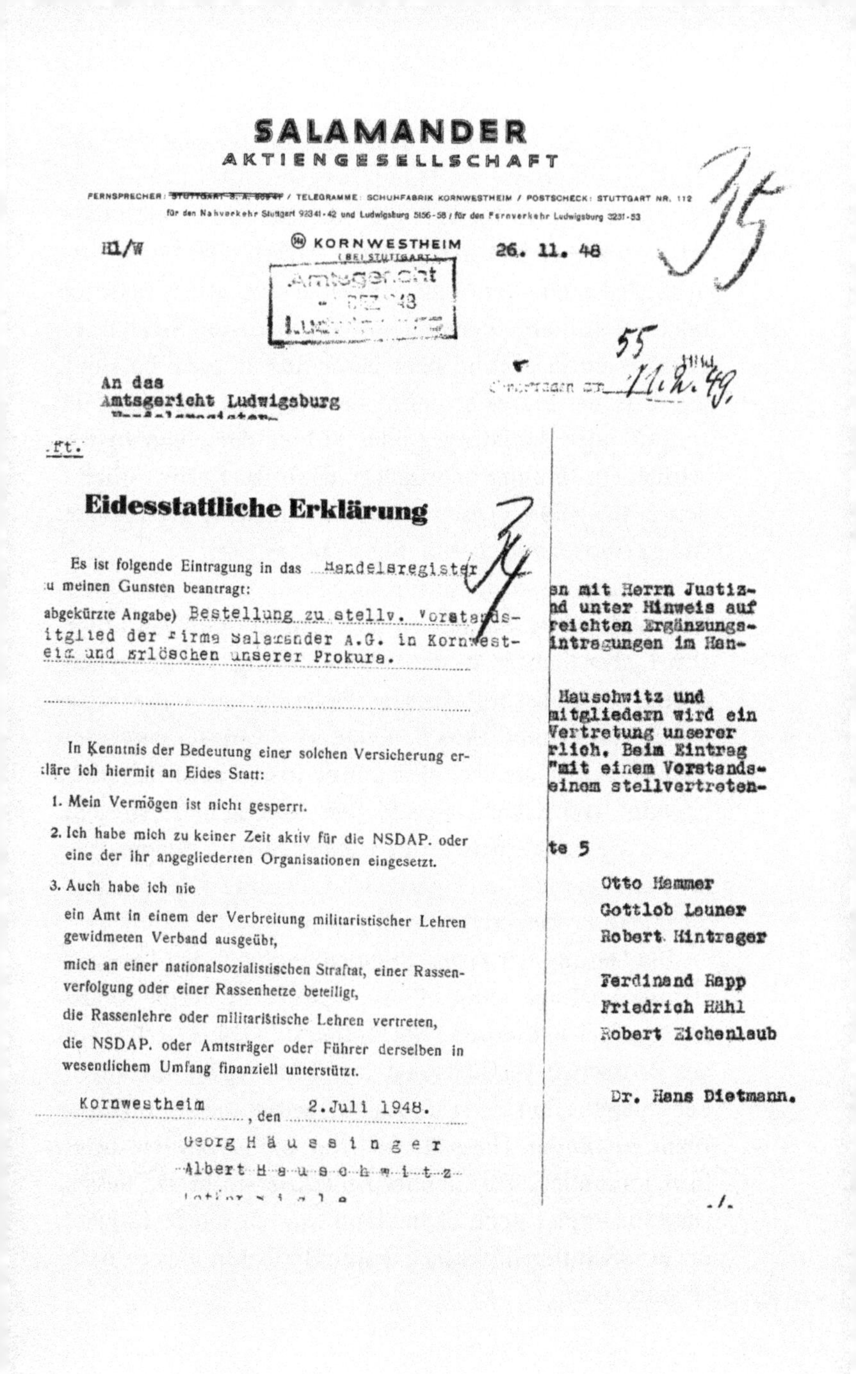
SALAMANDER
AKTIENGESELLSCHAFT

FERNSPRECHER: STUTTGART S. A. 80947 / TELEGRAMME: SCHUHFABRIK KORNWESTHEIM / POSTSCHECK: STUTTGART NR. 112
für den Nahverkehr Stuttgart 92341-42 und Ludwigsburg 5156-58 / für den Fernverkehr Ludwigsburg 3231-53

Hl/W

KORNWESTHEIM (BEI STUTTGART)

26. 11. 48

Amtsgericht
- DEZ 48
Ludwigsburg

55

Eingetragen am 11.2.49.

An das
Amtsgericht Ludwigsburg

.ft.

Eidesstattliche Erklärung

Es ist folgende Eintragung in das Handelsregister
zu meinen Gunsten beantragt:
(abgekürzte Angabe) Bestellung zu stellv. Vorstandsmitglied der Firma Salamander A.G. in Kornwestheim und Erlöschen unserer Prokura.

In Kenntnis der Bedeutung einer solchen Versicherung erkläre ich hiermit an Eides Statt:

1. Mein Vermögen ist nicht gesperrt.
2. Ich habe mich zu keiner Zeit aktiv für die NSDAP. oder eine der ihr angegliederten Organisationen eingesetzt.
3. Auch habe ich nie
ein Amt in einem der Verbreitung militaristischer Lehren gewidmeten Verband ausgeübt,
mich an einer nationalsozialistischen Straftat, einer Rassenverfolgung oder einer Rassenhetze beteiligt,
die Rassenlehre oder militaristische Lehren vertreten,
die NSDAP. oder Amtsträger oder Führer derselben in wesentlichem Umfang finanziell unterstützt.

Kornwestheim, den 2.Juli 1948.

Georg H ä u s s i n g e r
Albert H a u s c h w i t z
Lothar S i e l e

en mit Herrn Justiz-
nd unter Hinweis auf
reichten Ergänzungs-
intragungen im Han-

Hauschwitz und
mitgliedern wird ein
Vertretung unserer
rlich. Beim Eintrag
"mit einem Vorstands-
einem stellvertreten-

te 5

Otto Hammer
Gottlob Launer
Robert Hintrager

Ferdinand Rapp
Friedrich Hähl
Robert Eichenlaub

Dr. Hans Dietmann.

./.

Abb. 26
Eidesstattliche Erklärung von Prokuristen am 2. Juli 1948, Unschuldsbekundung

Drei Prokuristen der Firma Salamander gaben bei der Prokura-Löschung im Handelsregister Unschuldserklärungen ab. Darin heißt es für jeden Einzelnen: »Ich habe mich zu keiner Zeit aktiv für die NSDAP oder einer ihrer angegliederten Organisationen eingesetzt. Auch habe ich mich nie [...] an einer nationalsozialistischen Straftat, einer Rassenverfolgung oder einer Rassenhetze beteiligt, die Rassenkunde oder militärische Lehren vertreten, die NSDAP oder Amtsträger oder Führer derselben in wesentlichem Umfang finanziell unterstützt. Kornwestheim, den 2. Juli 1948.« Unterschrieben von Georg Häussinger, Albert Hauschwitz, Lothar Sigle. [**Abb. 26** →155]

Sie hätten sich nicht für die NSDAP eingesetzt, jedenfalls nicht aktiv. Sie hätten diese Partei finanziell unterstützt, aber nicht in wesentlichem Umfang. Vor allem aber hätten sie nichts mit Rassenverfolgung und mit Straftaten zu tun gehabt. Dass Salamander Zwangsarbeiter und Häftlinge einsetzte, war diesen Prokuristen natürlich nicht bekannt. Wenn doch, dann hielten sie es nicht für strafbar.

Der Generaldirektor Alex Haffner musste meines Wissens nie über die Beteiligung der Salamander AG an strafwürdigen Prozessen Auskunft geben.

Die Leitung der Firma Freudenberg, von den US-Amerikanern befragt, schob alle Verantwortung für die Schuhtests in Sachsenhausen Fritz Stather und Hans Herfeld von der Deutschen Versuchsanstalt in Freiberg zu. Das lag in der sowjetischen Zone und dafür waren die Amerikaner nicht zuständig. Hans Herfeld tauchte in Bayern unter, in Salamanders Türkheimer Lederfaserstoffwerk, dessen Direktor immer noch Eichenlaub war. Zu seiner Tätigkeit für die »Schuhprüfstrecke« wurde Herfeld in Bayern nicht vernommen.

Der Umgang mit der Schuld

Anne Sudrow fasst die Situation jener Zeit in klaren Sätzen zusammen: »Über die Vorkommnisse auf der ›Schuhprüfstrecke‹ im KZ Sachsenhausen im Zusammenhang mit der deutschen Ersatzstoff-Forschung wurden auf Seiten der westlichen Alliierten, soweit bislang bekannt, keine weiteren Nachforschungen angestellt oder strafrechtliche Ermittlungsverfahren eingeleitet. Weder die Mitglieder der Familie Freudenberg, die zu den größten Nutznießern der KZ-Versuche gehörten, noch andere Unternehmer, Techniker und Wissenschaftler in den Westzonen, wie etwa Angelo Hammelbacher (Firma Salamander AG/Türkheim und Kornwestheim), Robert Eichenlaub (Firma Salamander AG/Türkheim) [...] noch die Wissenschaftler wie vor allem Hans Herfeld (Deutsche Versuchsanstalt für Lederindustrie/Freiberg) [...] und viele andere, die die Versuche in Auftrag gaben, auswerteten und, auch in der Nachkriegszeit, weiter verwerteten, wurden hierfür jemals zur Verantwortung gezogen.

Als einziger juristisch für die Beteiligung an den brutalen und mörderischen Menschenversuchen an der ›Schuhprüfstrecke‹ belangt wurde der zweite Leiter der ›Schuhprüfstelle‹ in Sachsenhausen, Ernst Brennscheidt. Er wurde im sowjetischen Sachsenhausen-Prozess in (Ost-)

Berlin 1947 wegen ›Kriegsverbrechen und Verbrechen gegen den Frieden und die Menschlichkeit‹ zu 15 Jahren Zwangsarbeit in der Sowjetunion verurteilt und leistete diese zur Hälfte ab, bevor er 1955 in die Bundesrepublik übersiedelt wurde. Von den Briten und Amerikanern wurden die Menschenversuche im KZ Sachsenhausen nicht strafrechtlich verfolgt.« (AnSu S. 717)

Die Zwangsarbeit leistete Brennscheidt in Workuta, einer Stadt nördlich des Polarkreises. 1955 in der Bundesrepublik war er wieder ein freier Mann.

In der BRD entstanden 1951/1952 unter Adenauer Rechtsverhältnisse, durch die die Täter der Nazi-Verbrechen mit geringen Strafen oder straffrei davonkamen. Selbst Gerhard Peters, der Geschäftsführer der Firma Degesch, die 3970 kg Zyklon B für die Gaskammern geliefert und der Firma Salamander eine mit diesem Gas zu betreibende Entwesungsanlage zur Desinfizierung der Altschuhe verkauft hatte, wurde 1949 zu fünf Jahren, 1953 zu sechs Jahren Haft verurteilt, aber 1955 aufgrund des neuen Strafrechtsgesetzes freigesprochen wegen »erfolgloser Beteiligung« am Massenmord. Ich überlege, wieso die Juristen meinten, der Mann hätte keinen Erfolg gehabt, als Menschen mit Zyklon B getötet wurden, wozu ja das Gas produziert und geliefert worden war. Erfolglos kann ich das nicht nennen. Die Logik der Juristen von 1955 kann ich nicht nachvollziehen. Es ging auch gar nicht um Logik, sondern um irgendeine Begründung für die Schuldlosigkeit des Geschäftsführers von Degesch.

Degesch, die Abkürzung für Deutsche Gesellschaft für Schädlingsbekämpfung, hatte sich schon 1922 ein Schädlingsbekämpfungsmittel unter dem Namen »Zyklon B« patentieren lassen. Degesch ist eine Tochterfirma von Degussa in Frankfurt am Main – Abkürzung für Deutsche Gold- und Silberscheideanstalt – und vertrieb seit 1924

Zyklon B, das sie bei der Dessauer Zuckerraffinerie GmbH produzieren ließ. 1930 stieg IG Farben mit Aktien bei Degesch ein. Ab 1936 waren Degussa und IG Farben mit je 42,5 Prozent und die Essener Chemiefirma Th. Goldschmidt mit 15 Prozent an den Degesch-Aktien beteiligt. IG Farben wurde nach 1945 formal aufgelöst. Die neuen Degesch-Gesellschafter waren Bayer AG Leverkusen, Degussa und Th. Goldschmidt. Das täuscht nicht darüber hinweg, dass die Betreiber und Profiteure dieselben waren. Die Bayer AG ging 1925 in IG Farben auf und wurde 1951, im Zuge der Auflösung der IG Farben, neu gegründet.

Degussa erhielt aus Auschwitz das den Deportierten und den Ermordeten geraubte Gold und lieferte es, zu Goldbarren umgeschmolzen, an die Deutsche Bank. Darin enthalten waren die Goldzähne meiner Großmutter.

Ab 1941 lieferte Degesch über eine Hamburger Firma Zyklon B nach Auschwitz, ab 1943 gingen die Lieferungen direkt von Degesch nach Auschwitz.

Peters wurde freigesprochen. Keiner der Vorstände des Konzerns wurde angeklagt. Es gäbe keinen sicheren Beweis für die Mitwisserschaft. Sie sollen nicht gewusst haben, wofür das Gift in Auschwitz benutzt wurde? Sie kehrten Ende der 40er Jahre in ihre Positionen zurück.

Soweit der offizielle Umgang mit der Schuld an Nazi-Verbrechen.

In Kornwestheim ist man zwar anders verfahren, aber zu dem gleichen Ergebnis gekommen: Niemand hat Schuld auf sich geladen. Die Firmenleitung beauftragte den jungen Juristen Sturm, unter anderem die Jahre 1933 bis 1945 darzustellen. Eine Aufarbeitung der Mitwirkung an einem verbrecherischen System und der Ausnutzung dieses Systems für ökonomische Interessen, für Profit und Macht wurde die Salamander-Geschichte des Hanspeter Sturm nicht.

Sturms Darstellung der Geschichte

Hanspeter Sturm (1930–2011) »war noch zu Lebzeiten eine Legende in Kornwestheim und in der Umgebung«, heißt es im Nachruf auf diesen Mann in der *Kornwestheimer Zeitung*. Er kam 1955 zu Salamander und übernahm das Amt des Leiters der Leichtathletik-Abteilung des Sportvereins Salamander Kornwestheim. Er blieb neben seiner beruflichen Tätigkeit über Jahrzehnte ein engagierter und erfolgreicher Chef des Sportvereins. Siebzehn Jahre, von 1978 bis 1995, war er Polizeipräsident der Landespolizei Stuttgart. Der promovierte Jurist hielt Vorlesungen über Staats- und Verwaltungsrecht, zuletzt an der Polizei-Fachhochschule in Sachsen.

Nach 1990 wirkte er als West-Experte im Freistaat Sachsen und half, den alten Kapitalismus zu installieren. Für diesen Einsatz erhielt er das Bundesverdienstkreuz und den Goldenen Verdienstorden des Landes Baden-Württemberg. Das Land Sachsen verlieh ihm den Professorentitel.

Sturm verfasste mehrere Schriften zur Geschichte. Mit der 1958 erschienenen Salamander-Geschichte erfüllte er den Auftrag, den ihm Salamander erteilt hatte. Es folgten 1998 und 1999 die mehrfach erwähnten Artikel über die »kleine Stadt« und die »schützenden Hände«. Außerdem war er an Idee und Redaktion der Jubiläumsschrift »1200 Jahre Kornwestheim«, beteiligt, die 1981 erschien.

Salamander ist das Markenzeichen für Kornwestheim, und Sturm als Mann für die Geschichte der Firma ist auch ein Mann für die Stadtgeschichte.

Ich gebe einige Beispiele für Sturms Darstellung der Geschichte, die ich seinen Schriften entnehme.

In seinem Buch von 1958 geht Sturm auf Salamanders wirtschaftliche Entwicklung ein: Im Gegensatz zu vielen anderen Unternehmen war Salamander durchweg trotz kleiner Schwankungen erfolgreich, vergrößerte sich ständig und produzierte stets Schuhe höchster Qualität.

Bei dem Aufbau ihres Unternehmens hatten die Gründer Jakob Sigle und Max Levi auf gute soziale Bedingungen für alle Beschäftigten geachtet. An die sozialen Prinzipien versucht Sturm anzuknüpfen, wenn er eine Maßnahme gegen die Arbeitslosigkeit 1932 anführt. »Obwohl in keinem anderen Industriezweig 1932 Vergrößerungen vorgenommen wurden, entschloss sich Salamander zum Neubau des Gebäudes 4a. Einmal musste man dem gesteigerten Umsatz gerecht werden, der bei einer Preissenkung von 15 % gestiegen war, und zum Zweiten wollte Salamander [...] zur Belebung der deutschen Wirtschaft einen Beitrag im Kampf gegen die Arbeitslosigkeit leisten.« (GSal S. 80). Wem will Sturm weismachen, dass es um die Arbeitslosen ging? Schon im nächsten Satz muss er zugeben, dass das Soziale der Ökonomie untergeordnet wurde: »Ein gleichzeitig durchgeführter Lohnabbau war aber nicht zu vermeiden. Insbesondere fielen darunter die Zeitlohnarbeiter, die eine Kürzung von 15 % aufgrund der Notverordnung erlitten. Ein im Juni zwischen den Tarifpartnern eingesetzter Schlichter ermäßigte dann die Quote auf 13,7 %.« (GSal S. 80) Ich nenne das gewöhnlichen Arbeitskampf im gewöhnlichen Kapitalismus. Und die Lohnkürzung geht auf den Staat mit irgendeiner Verordnung zurück, keineswegs auf die Firmenleitung, auf den Ausgleich für die Preissenkung.

Die Salamander-Geschichte verläuft bei Sturm durchgängig fast problemlos. Von dem allein auf Profit und Macht ausgerichteten Verhalten, ohne Rücksicht auf die Lage und die Schicksale von Menschen, weiß er nichts, obwohl ihm die Firmenakten zur Verfügung standen und er versichert, sie durchgesehen zu haben. Mitunter liegen aber die Probleme wie Steine im Weg, dann umgeht er sie vorsichtig, sodass sie in der Geschichte vorkommen, ohne wirklich genannt zu werden.

Zum Beispiel die »Arisierung« 1933. Die Levi-Familie ist die jüdische Seite bei Sturm und die Sigle-Familie die christliche. Jüdisch und christlich als Gegensatz, nicht jüdisch und »arisch«. Es interessierte die Nazis nicht, dass die Sigles Christen waren, wichtig war nur, dass sie »arisch« waren. Das zu schreiben, hätte Antisemitismus assoziiert, und den wollte Sturm bei der Aktienübernahme ausklammern. Nur die Reichsleitung der NSDAP schrieb im Klartext, dass sich Salamander ohne die jüdischen Aktien und das jüdische Leitungspersonal als »arischer« Betrieb betrachten kann. Für Salamander, das will Sturm wohl zu verstehen geben, habe der rassistische Begriff nichts bedeutet. Man musste sich nur beeilen, ein »arisches« Unternehmen zu werden, das er als christlich beschreibt.

Sturm vermeidet jede politische Aussage zur Geschichte. Jedenfalls scheint es so. Tatsächlich ist seine Meinung erkennbar. Allein das Weglassen zeugt von politischer Haltung. Die Verantwortung oder Mitverantwortung für Raub, Ausbeutung, Menschenversuche unterschlägt er. Er ignoriert Fakten, die ihm offenbar politisch unbequem sind. Der Ersatz von »arisch« durch »christlich« ist bequemer als sich zu Antisemitismus und Rassismus zu äußern. Sturm unterdrückt nicht nur politisch relevante Fakten, sondern auch Zusammenhänge zwischen Ökonomie und Politik, konkret die beginnenden, zur Aufrüstung führenden ökonomischen Prozesse ab 1933 und das neue System der Macht.

Wieder ein Beispiel: »1933 wurde der 0,75 Milliarden RM kostende Neubau mit seinen fünf Geschossen (4a) fertiggestellt, und eine neue Umsatzsteigerung Hand in Hand mit der wieder normal werdenden Massenkaufkraft der Bevölkerung bahnte sich an.« (GSal S. 81). Das Problemjahr 1933 als Beginn einer positiven Entwicklung für die Bevölkerung. Kein Hinweis auf politische Veränderungen und die Ursache für die zunehmende Kaufkraft. Er beabsichtigt keineswegs, über die sofort beginnende Aufrüstung, die dafür erforderliche Bautätigkeit und die dafür benötigten Arbeitskräfte mit Lohn, Gehalt und Kaufkraft zu schreiben. Er umgeht das Problem, indem er einen ökonomischen Fakt durch einen anderen erklärt, die Umsatzsteigerung durch steigende Kaufkraft. Den politischen Motor, der die ökonomische Entwicklung antrieb, spart er aus.

Später, am Ende des Jahrhunderts, erwähnt Sturm in einem Artikel die Aufrüstung. Er verbindet sie mit folgender Behauptung: »Während der offenen Wiederaufrüstung nach 1933 und noch mehr aber in der Welle der außenpolitischen Erfolge der NS-Regierung« habe die Firmenleitung einen ›Antikriegsproduktionskurs‹ eingeschlagen und fast nur Schuhe für zivilen Bedarf hergestellt. (schH) Das normale Produktionsprogramm der Firma gibt Sturm als Kurs aus, der eine Antiposition zur Aufrüstung gewesen sei. Nur diesen Zusammenhang zwischen Ökonomie und NS-System stellt Sturm her: Aufrüstung und angeblicher Antikriegsproduktionskurs. Was die außenpolitischen Erfolge damit zu tun haben sollen, ist völlig unklar. Und wie ist dieser Antikriegsproduktionskurs mit der kräftig betriebenen Entwicklung der kriegswichtigen Leder-Ersatzstoffe vereinbar? Was der Nazi-Staat für eine leistungsstarke Kriegswirtschaft forderte, setzte Haffners Gefolge bereitwillig um. Erkennbar an dem Türkheimer Werk, das zunehmend eine wichtige, eine kriegswichtige Rolle spielte.

Sturm lässt viel weg. Aber der Geschichte, die er darzustellen vorgibt, bekommt das nicht. Sehr deutlich ist das zu merken bei dem Erfolgsweg der Türkheimer Fabrik. Dieser Salamander-Betrieb hat in der Tat eine sehr gute Entwicklung aufzuweisen. Aber wodurch? Sturm bewegt sich konsequent auf der Oberfläche und vermeidet jeden darunter liegenden Sachbezug. Das sieht so aus:

»Die großzügige Planung für den Bau einer modernen Kunstlederfabrik konnte 1936 eingeleitet [...] werden. [...] Die Bedeutung der Lederfaserwerkstoffe wuchs und die damalige Wirtschaftsgruppe Lederindustrie gründete aus diesem Grund die Fachabteilung Lederfaserwerkstoffe [...] mit Sitz und Leitung in Türkheim [...]. Entsprechend dieser Entwicklung und der Ausbildung eines neuen Unternehmenszweiges stieg die Zahl der Mitarbeiter in Türkheim auf 400 Mitarbeiter an.« (GSal S. 91) Die Fachabteilung LFWS wurde gegründet, weil die Bedeutung der Ersatzstoffe wuchs. Aber warum wuchs sie? Kein Wort dazu.

Auf die gleiche Art geht es weiter: »In diese hoffnungsvolle Entwicklung fiel der Beginn des Zweiten Weltkriegs.« (GSal S. 91) Der Krieg entstand wie ein Naturereignis und beendete eine hoffnungsvolle Entwicklung, womit Sturm sechs Jahre Faschismus meint, die dem Krieg, für den Salamander produzierte, vorausgingen. Und es heißt dann in seinem Text: »Die Beschaffung des wichtigen Rohmaterials [...] wurde unmöglich. Bereits vorher probierte man in vielen Versuchen den Ersatz von Kunststoffemulsionen aus. Einige Sorten schienen aussichtsreich zu sein, deshalb zwang die Kriegslage die Umstellung auf die selbst noch in der Entwicklung befindlichen Kunststoff-Emulsionen. Mit Hilfe eines führenden deutschen Werkes war es möglich, zu Beginn des Krieges mit einwandfreien Kunststoffen aufzuwarten, die dann in vielfältiger Hinsicht Verwendung fanden.

Auch die Rohstoffbewirtschaftung für die Lederfaserwerkbetriebe wurde dem Türkheimer Werk übertragen, das damit während des ganzen Krieges die Last und Verantwortung der Planung und Verteilung der benötigten Hilfs- und Rohmaterialien für sämtliche Lederfaserwerke hatte.« (GSal S. 90/91)

Sturm teilt mit, was sich auf dem Gebiet der Leder-Ersatzstoffe tat, und liefert nicht den leisesten Hinweis auf die konkreten Tests, denn es liegt ihm fern, das Tabu »Schuhprüfstrecke« zu berühren. Aber man erfährt von ihm, dass dem Türkheimer Werk, das heißt Robert Eichenlaub, die Leitung der Fachabteilung LFWS übertragen und dass er für die Verteilung des Rohmaterials zuständig wurde. Man erfährt von Sturm nicht, dass es maßgeblich von Eichenlaub abhing, welchem Werk Rohmaterial zu liefern war und welchem nicht, welches Werk produzieren konnte und welches zu schließen hatte. Unter diesen Umständen wurden mehrere Werke stillgelegt, mögliche Konkurrenten ausgeschaltet.

Sturm streicht aus der Salamander-Geschichte die Aufgabe der Türkheimer Fabrik und die brutalen Tests mit tödlichen Folgen. Für das, was es nicht gab, trägt niemand Verantwortung. Das ist die einfachste und in diesem Umfeld die häufigste Art der Geschichtsfälschung.

Eine gute Information ist in Sturms Buch von 1958 enthalten. Er hat eine Liste darin aufgenommen: »Übersicht über die ausländischen Arbeiter, die während des Krieges

- 98 -

Übersicht über ausländischen Arbeiter, die während des Krieges bei der Salamander A. G. beschäftigt waren:

Länder	männlich		weiblich	
Amerika	-	Pers.	1	Pers.
Armenien	27	"	57	"
Belgien	11	"	34	"
Estland	-	"	2	"
Frankreich	187	"	479	"
Griechenland	238	"	288	"
Holland	7	"	-	"
Italien	7	"	11	"
Jugoslawien	2	"	5	"
Kroatien	5	"	-	"
Litauen	-	"	1	"
Luxemburg	2	"	-	"
Polen	12	"	13	"
Protektorat	32	"	5	"
Rumänien	3	"	1	"
Schweiz	3	"	3	"
Serbien	2	"	4	"
Slowakei	-	"	2	"
Spanien	-	"	1	"
Ukraine	3	"	11	"
Ungarn	63	"	54	"
Russland	50	"	183	"
Staatenlos	2	"	2	"
zusammen	656	Personen	1157	Personen
hierzu Kriegsgefangene	284	Männer (Franzosen)		
Gesamt:	2097	Personen		

Abb. 27
Liste der 2097 Zwangsarbeiter bei Salamander

bei der Salamander AG beschäftigt waren.« [Abb. 27 →167]
Die Zwangsarbeiter, nach denen Sturm 1999 in dem Interview gefragt wurde, werden hier präzise aufgelistet. Aber das sind für Sturm keine Zwangsarbeiter, die habe es bei Salamander ja nicht gegeben, nur 284 französische Kriegsgefangene und Vertragsarbeiter aus Frankreich und Griechenland. Ich stelle erstaunt fest, dass die zwangsweise arbeitenden Frauen und Männer gezählt wurden, sie gehörten 21 Nationalitäten an, insgesamt 1157 Frauen und 656 Männer, außerdem die 284 französischen Kriegsgefangenen. Das ergibt 2097 Personen.

Ich verstehe, warum Sturm 1999 in dem Interview nur Franzosen und Griechen als »Vertragsarbeiter« nannte. Der Liste kann man entnehmen, dass aus diesen beiden Ländern weitaus die meisten kamen: 666 aus Frankreich, 526 aus Griechenland = 1192 Frauen und Männer, ansonsten nur einzelne Personen oder kleine Gruppen unterschiedlicher Nationalität. Viel mehr Frauen als Männer, dazu sagte Sturm 1999 kein Wort. Aber er wusste über alles genau Bescheid.

Nirgends erwähnt und nicht mitgezählt wurden die Zwangsarbeiter in Berlin. Unter den 21 Nationalitäten ist keine Deutsche. Die acht deutschen Jüdinnen, die in der Halle der 4. Etage in der Köpenicker Straße gearbeitet haben, erscheinen nicht in Sturms Liste. Die sowjetischen Kriegsgefangenen, die mittags auf dem Treppenpodest saßen, nahm Sturm auch nicht in die Liste auf. Die Jüdinnen sollten irgendwann deportiert werden und für die »Russen« war das Überleben sowieso nicht vorgesehen. Wozu sollten diese Zahlen auf der Liste stehen.

Auf der Liste sind nur 25 Polen verzeichnet, 12 Männer und 13 Frauen. Die etwa 200 polnischen Schuhmacher in der Körnerstraße 19 wurden ebenso verschwiegen wie die Zwangsarbeiter in der Linkstraße 29, von denen nicht einmal zu erschließen ist, wie viele es waren und woher sie kamen.

Hat es auch in anderen Städten Produktionsstätten oder Werkstätten von Salamander gegeben, in denen Zwangsarbeiter eingesetzt wurden?

Salamander beutete wesentlich mehr als 2097 Zwangsarbeiter aus. Die Kriegsgefangenen gehören dazu. Viele der 20 000 Franzosen, der 2000 Belgier und der »Russen« in den Lagern Kornwestheims hat das Unternehmen zur Erhaltung und Steigerung seines Profits eingesetzt. Sturm macht es sich einfach mit der Darstellung der Geschichte. Nach allem, was ich bei Sturm gelesen habe, gab es in der Firmenleitung von Salamander keine Nazis, nur harmlose NSDAP-Mitglieder. Weil es keine Nazis gab, braucht man bei Salamander nicht nach Tätern zu suchen und nicht nach Schuld zu fragen.

Hanspeter Sturm schreibt sehr entschieden und voller Stolz: »Einer Aufarbeitung der Rolle im Dritten Reich wie bei späteren Jubiläen der Deutschen Bank, des VW-Werks oder des einstigen Chemiemultis IG Farben über deren facettenreiche Geschichte bedurfte es in Kornwestheim beim 100. Geburtstag 1985 nicht.« (schH)

Die Salamander-Geschichte ist einzureihen in die allgemeine Geschichte jener Zeit. Sturm macht dazu keine direkten Aussagen. Er verlässt nie die Firmengeschichte oder die Geschichte seiner Stadt, trotzdem vermittelt er Ansichten, die darüber hinausgehen.

Anhaltspunkte für Sturms Geschichtsbild finden sich unter anderem in der Kornwestheimer Jubiläumsschrift, für die Sturm die Idee entwarf und die er redigierte. Ich folge seiner Intention: Nach einer Zeit der Wirtschaftskrise gab es 1932 erste Zeichen eines Aufschwungs, dargestellt am Beispiel der Stadt Kornwestheim. Die Auswahl und die Anordnung des Bildmaterials wird wesentlich von Sturm bestimmt worden sein. Damit wird dokumentiert, dass ab 1933 eine rege Bautätigkeit einsetzte. Das Rathaus wurde gebaut, eine Werkssiedlung von Salamander, Bahnanlagen, die Hindenburg- und die Ludendorff-Kaserne, die ersten Rekruten wurden 1935 dort einquartiert. Kornwestheim wurde Garnisonsstadt. Alles zum Wohle der Bürger. Es gab keine Armut. Die Bilder veranschaulichen, was in Sturms Schriften steht: Ab 1933 konnten sich Salamander und die Stadt großartig entwickeln.

Über 1933 und die zwölf folgenden Jahre verfasste Sturm in seinem Buch zur Salamander-Geschichte einen Abschnitt mit dem Titel »Das Dritte Reich«. Auf einer Seite und sieben Zeilen teilt er mit, wie der Makel durch jüdisches Kapital und Juden in der Firmenleitung beseitigt wurde und dass Salamander als »arisches« Unternehmen anerkannt wurde. Der dafür von der Reichsleitung der NSDAP an Salamander geschriebene Brief – sozusagen der »arische Nachweis« – wird zitiert und nimmt ein Drittel der Seite ein. Sturm scheint es für bedeutsam zu halten, dass sich die Zentrale der Nazi-Partei bemühte, der Firmenleitung diese Information zu geben. Als drücke sich darin eine besondere Wertschätzung der Firma Salamander aus.

Mehr enthält der Abschnitt »Das Dritte Reich« nicht. Mehr Beziehungen zu diesem Staat besaß Salamander demnach nicht. Sturm schränkt die Beziehung ein auf die Situation des Zwangs durch die Arisierungspolitik. Die von Haffner eingefädelte vorteilhafte Verbindung zur Spitze der NSDAP spart Sturm hier aus. Das erscheint an anderer Stelle als kluges Taktieren des Generaldirektors Haffner.

Der nächste Abschnitt seines Buches zur Salamander-Geschichte trägt den Titel »Zweigwerk Türkheim zwischen 1923–1945«. Auf anderthalb Seiten kann man lesen, dass diese Fabrik bis zur Gründung der Aktiengesellschaft 1930 Halbfabrikate, Schuhkartons und Schuhfeinpappe herstellte. Dazu werden technische Details ausgebreitet. Es wird fortgesetzt mit dem Abschnitt »Werkstoffe als wertvolle Helfer«. Ohne Übergang befindet man sich in den Jahren 1936/1937: In Türkheim wurde eine moderne Kunstlederfabrik für die Großproduktion eines Lederfaserwerkstoffs gebaut. Zahlen belegen, dass das Geschäft florierte. Dann folgen Sätze über die ständige Erweiterung der Produktion und die oben zitierte Passage über die an Türkheim übergebene Verantwortung für die Rohmaterial-Verteilung. Ein Negativfaktor wie Sachsenhausen wird nicht erwähnt.

Nach kurzen Auslassungen über »Lurchi«, den Kinderschuh, der ins Produktionsprogramm aufgenommen wurde, fährt Sturm fort mit dem Abschnitt über die wirtschaftlichen Auswirkungen der Jahre 1939 bis 1945, wofür er eine knappe Seite benötigt. Die wichtigsten Sätze: Die Produktion konnte auf einem beträchtlichen Stand gehalten werden; die Produktion für den militärischen Bedarf machte nur zwölf Prozent aus; in Türkheim wurde die Produktion »mengenmäßig und durch die Aufnahme der Ersatzstoff-Artikel stetig neu ausgedehnt«. Auch hier kein Wort über Tests in Sachsenhausen. Und nichts darüber, dass Salamanders Wirtschaftsstrategie mit den Forderungen und Zielen des Staates übereinstimmte.

Und dann kam der Krieg, ein Phänomen, ohne Beziehung zu Kasernen- und Bahnbau, zu Militarismus und Aufrüstung. Die Bilder der Jubiläumsschrift zeigen die Folgen des Krieges, der über die Stadt hereinbrach wie ein Gewitter. Dieses Phänomen verursachte Zerstörungen und Opfer. Eine Bilderfolge zeigt die Schäden in Kornwestheim. Eine Bemerkung über die Ursache und die Verursacher des Krieges sucht man vergeblich.

Der Krieg kostete Opfer. In Kornwestheim kamen »162 Mitbürger, Wehrmachtsangehörige, Ausländer« ums Leben sowie neun Piloten der alliierten Luftwaffe, deren Flugzeuge bei Luftkämpfen abgeschossen wurden. Von den rund 1400 Männern von Salamander, die in den Krieg geschickt wurden, fiel die Hälfte. (GSal S. 103)

Im Krieg muss es Feinde geben. Das sind in Sturms Schriften die Alliierten. Von ihnen ging Terror aus, nur von ihnen. Sie zerstörten Salamander-Gebäude, bombardierten Kornwestheim, gefährdeten das »Russenlager« am Verschiebebahnhof, töteten Michael Wolff.

Dagegen können die Deutschen, nämlich die Kornwestheimer, Helden aufweisen. In der Jubiläumsschrift folgen gleich nach den Bildern von der zerbombten Stadt zwei große Portraitfotos von Ritterkreuzträgern: Adolf Hainle und Emil Dürr. Hainle gehörte zu einer Aufklärungsabteilung und ist 1941 an der Ostfront gefallen. Emil Dürr war SS-Unterscharführer und Angehöriger der Waffen-SS, er ist 1944 in Frankreich gefallen, in den letzten Tagen der deutschen Besetzung des Landes. Beide erhielten das Ritterkreuz posthum. Auf den Fotos sind sie mit ihrem Ritterkreuz am Uniformkragen abgebildet, eine Montage, ehrenhalber. Hainle und Dürr sollen mit einem schönen Foto als Ritterkreuzträger in Erinnerung bleiben. Wohl gemerkt: 1981 herausgegeben von der Stadtverwaltung Kornwestheim und redigiert von Hanspeter Sturm.

Der Krieg endete mit der Besetzung Deutschlands. Die Ersten, die Kornwestheim erreichten, waren Franzosen. »Am 21. April 1945 [...] wurde das Werk gegen 17.00 Uhr besetzt. Die Gefangenenlager öffneten sich und die Fremdarbeiter waren frei.« (GSal S. 101) Die Lager öffneten sich nicht von allein. Wenn das die Franzosen machten, war es eine ihrer ersten Handlungen. Die Gefangenen sind plötzlich für Sturm Fremdarbeiter, keine Vertragsarbeiter mehr. Das ist sonderbar, denn als Vertragsarbeiter kamen sie doch nach Deutschland. Und dann wurden sie in ein Lager gesperrt, in ein vermutlich von der SS bewachtes Lager. Das wurde, nachdem die SS verschwunden war, von den Franzosen, die Kornwestheim besetzten, oder von den Gefangenen selbst geöffnet, offenbar nicht von Kornwestheimern, das hätte Sturm mitgeteilt. Und nun wandelt Sturm die Vertragsarbeiter in Fremdarbeiter um. Dass auch die Kriegsgefangenen befreit wurden oder sich befreit haben, vergisst Sturm zu erwähnen.

Die befreiten französischen Kriegsgefangenen stellten sich der Armee ihrer Landsleute als Helfer zur Verfügung.

»Sieht man von kleineren Zwischenfällen ab, so kam es im Werk selbst zu keinen Repressalien oder Vergeltungsaktionen. Im Gegenteil, besonders die französischen Kriegsgefangenen hatten sich zu treuen Salamander-Mitarbeitern entwickelt, die nun in der Bedrohung dem Werk beistanden.« (GSal S. 101)

Die Franzosen verhinderten, dass es zu größeren Gewalttaten kam. Das setzt voraus, dass sich die aus dem Lager Befreiten rächen wollten. Genug Grund dürften sie gehabt haben. Die Franzosen setzten sich bestimmt nicht für »das Werk« ein, sondern für die Befreiten, damit sie sich nicht mit einem Vergeltungsakt belasteten. Man muss den emotionalen Zustand der Menschen bedenken, für die sich gerade die Lagertore geöffnet hatten. Rachegefühle entstehen nicht durch gute Behandlung.

Der Schutz, den die befreiten Franzosen im Werk übernahmen, sei, wie Sturm schreibt, außerdem wegen der »vornehmlich von Ostarbeitern und Russen einsetzenden Plünderungen« nötig gewesen. Plünderung, das ist Raub in großem Umfang und in aller Öffentlichkeit. Da gab es Menschen, die als Gefangene für Salamander arbeiten mussten, jahrelang, immer noch in den eigenen Sachen.

Und diese Menschen zogen los, um zu plündern? Ich denke mir, sie liefen in die Fabrik, weil sie Schuhe brauchten, denn der Weg nach Hause, in östlicher Richtung, war weit und große Strecken mussten zu Fuß zurückgelegt werden, denn Schienen und Straßen waren von den deutschen Truppen zerstört worden. Wenn die Franzosen die Befreiten nicht hinderten, nahmen sie sich die Schuhe, vielleicht auch Schuhe für die Frauen zu Hause. Man hätte sie ihnen auch geben können. Und sie suchten nach etwas Essbarem, um den großen Hunger zu stillen und Vorrat für den Weg in die Heimat zu haben. Das ist meine Interpretation.

Aber wie kommt Sturm plötzlich auf »Ostarbeiter«, die hat es bei ihm doch bis dahin gar nicht gegeben. Das waren die Menschen aus Osteuropa, die gewaltsam ergriffen, in Züge gepresst und nach Deutschland geschleppt worden waren. Sie mussten auf ihrer Kleidung das Zeichen »OST« tragen und waren damit wie die Polen mit dem »P« und die Juden mit dem gelben Stern als »minderwertig« markiert. »Ostarbeiter« und »Russen«, das heißt die Zwangsarbeiter aus dem Osten und die sowjetischen Kriegsgefangenen, das waren die üblen Plünderer. Damit benutzt Sturm das Feindbild der Nazis. Andere aus dem Gefangenenlager waren selbstverständlich ordentliche Leute, die sich einfach auf den Heimweg begaben.

Sturm beschimpft die »Ostarbeiter« und die »Russen« als Plünderer. Ein Recht dazu hat er nicht. Geplündert wurden die Länder, aus denen diese Menschen kamen, geplündert von deutschen Soldaten.

Als Ruhe herrschte, gingen die Firmenchefs daran zu sichten, was vorhanden war, und sie mussten die Arbeit neu organisieren. Denn die Zwangsarbeiter standen nicht mehr zur Verfügung. »Bereits in den ersten Tagen konnten sich die Herren Jakob Sigle jr. und Angelo Hammelbacher als die in Kornwestheim verbliebenen Geschäftsführer einen Überblick über die noch vorhandenen Vorräte und Materialien schaffen.« (GSal S. 101) Alex Haffner, Robert Eichenlaub und Ernst Sigle befanden sich demnach nicht in Kornwestheim. Entweder waren sie in Internierungslagern oder sie hielten sich vorsichtshalber nicht in der Stadt auf, weil sie ihr Schuldkonto kannten und abwarten wollten, wie sich die Lage entwickeln würde.

Die US-Amerikaner lösten die Franzosen ab. Jetzt hatte Kornwestheim den Bomben werfenden Feind in der Stadt. Für Sturm waren sie während des Krieges die Feinde und sie werden von ihm auch für die Zeit nach dem Krieg negativ notiert. Mit den US-Amerikanern hat er nichts im Sinn, denn sie brachten viele Männer in Internierungslager und setzten die Entnazifizierungen in Gang, die Sturm für unvernünftig hält. Er verweist auf eine Parlamentsdebatte von 1946, die seine Zustimmung findet. Es wurde kritisiert, »dass die amerikanische Militärregierung sofort nach der Besetzung des Landes außerordentlich krasse Maßnahmen ergriff«. Konkret: »Eine nicht bekannte Zahl, jedenfalls Tausende, waren interniert, eine noch größere Zahl war aus Amt und Dienst entlassen, Berufsverbote waren ergangen, und Treuhänder, nicht immer, aber häufig unzuverlässige Personen waren in den Betrieben eingesetzt.« Und weiter: »Dies alles war geschehen ohne die geringste Mitwirkung oder Befragung deutscher Stellen.« Von Sturm zitiert in seinem 2007 erschienenen Artikel »Otto Trefz«. (Trefz)

Die »unzuverlässigen Personen«, über die Sturm klagt, das waren die aus den Gefängnissen und Lagern der Nazis Befreiten. Sie waren die Ersten, die für die Normalisierung des Lebens sorgten. Wem sonst konnte die Besatzungsmacht die Stadt anvertrauen.

Die US-Amerikaner hielten sich an die Beschlüsse der Alliierten, Nazi- und Kriegsverbrecher zu ermitteln und zu bestrafen. Die »krassen Maßnahmen« ergriffen sie gegen aktive Nazis, gegen Schuldige und Schuldverdächtige. Sturm führt diese Maßnahmen auf die öffentliche Meinung in den USA zurück. Sie »verlangte kategorisch dieses radikale Vorgehen bei der Entnazifizierung«. (Trefz) Ich bin vielleicht überempfindlich, wenn ich vermute, dass sich Sturm mit der »öffentlichen Meinung in den USA« auf bestimmte meinungsbildende Leute bezieht, auf die Juden. Wie man weiß, gibt es viele von ihnen in den USA. Natürlich waren sie daran interessiert, die Täter zu finden, zu bestrafen und ihre weitere Wirksamkeit einzuschränken. An dem radikalen Vorgehen gegen die tausenden Internierten waren – mal wieder – die Juden schuld. Oder irre ich mich?

Sturm missfiel die unmittelbare Nachkriegszeit. Die ersten drei oder vier Jahre stellt er sehr kritisch dar. Aber 1948/1949 wurden alle Internierten, sofern sie nicht zu längeren Haftstrafen verurteilt waren, freigelassen und drängten sich in ihre alten Positionen. Die Atmosphäre der Stadt, die kurze Zeit antifaschistisch geprägt war, schlug um. Wer die Macht hat, bestimmt den Weg, der zu gehen ist. Diese Veränderungen lässt Sturm aus, obwohl er sie als Jugendlicher miterlebt hat und darüber authentisch berichten könnte.

So weit zu Sturms Aussage zum »Dritten Reich«, zum Krieg, zum Kriegsende und zu den ersten Jahren danach.

Auffällig ist in allen Texten des Hanspeter Sturm ein fließender Ablauf der Jahre ohne eine Zäsur 1933.

Nur der Krieg ist bei Sturm eine historische Periode mit Beginn und Ende. Die Zeit der NS-Herrschaft begrenzt er zeitlich nicht. Von den 20er und den ersten 30er Jahren geht es problemlos über das Jahr 1933 hinweg. So verfährt er überall. Für ihn ist die Zeit 1933 bis 1945 keine historische Periode, die bei der Darstellung von geschichtlichen Prozessen besonders markiert werden müsste.

In gewisser Weise ist die fehlende Zäsur für den Beginn der Nazi-Zeit verständlich. Sturm betrachtet die ökonomische Entwicklung, bei der es zwar ein Auf und Ab gab, aber keinen Bruch, keine tiefgreifende Veränderung. Vor 1933 war der Kapitalismus die herrschende Gesellschaftsform und danach auch. Nur das System wandelte sich von der Weimarer Republik zum Faschismus. Nicht allein der Krieg wurde 1945 beendet, sondern mit ihm das System. Der Krieg war ein Teil dieses Systems. Er wurde von ihm geplant und durchgesetzt und führte zum Scheitern des Systems.

Wenn Sturm nur das Ende des Krieges aus historischer Sicht markiert, aber nicht das Ende des faschistischen Systems, geht er praktisch auch an dieser Stelle fließend in die unverändert gebliebene kapitalistische Nachkriegszeit hinüber. Dem entspricht, dass sich die Bundesrepublik als Nachfolgestaat des »Dritten Reichs« betrachtet.

Zum Vergleich: Die Deutsche Demokratische Republik brach mit dem Kapitalismus durch grundlegende Eingriffe in die Eigentumsverhältnisse und in die Verteilung der erwirtschafteten Werte. Damit war eine Zäsur für das Ende des Kapitalismus in diesem deutschen Land gegeben. Es war gleichzeitig das Ende des Nazi-Regimes.

Durch Sturms Blick auf die Geschichte ohne Zäsur zu Beginn der Nazi-Herrschaft schreibt er dieser Zeit nicht die Bedeutung einer historischen Periode zu. Das ist sein Geschichtsbild.

Ich erwarte von einem Historiker, der über die Nazi-Zeit schreibt, dass er zu dem Schluss kommt: Nie wieder Faschismus! Für Sturm ist Faschismus ein Fremdwort, das er nicht verwendet. 1955 war meines Erachtens Sturms Auftrag nicht die Aufarbeitung der Vorgänge im Unternehmen Salamander, sondern die vorsorgliche Abwehr von Vorwürfen und Schuldzuweisungen.

Das Buch könnte man verstauben lassen, aber Sturm ist nach vierzig Jahren auf das Salamander-Thema zurückgekommen. Seine Artikel über die »schützenden Hände« und über die »kleine Stadt« sind es vor allem, die mich zur Kritik veranlassen. Ich kann nicht sagen, vergesst, was Sturm als junger Mann geschrieben hat. Denn als Mann, der auf die Siebzig zuging und über Lebenserfahrung verfügte, bestätigte, erweiterte und verschärfte er seine damalige historische Sicht. Und 2007 ist ein Artikel hinzugekommen, der die Salamander-Geschichte nur berührt, mir aber wichtig erscheint, weil er Sturms Geschichtsbild ergänzt.

Das Problem Otto Trefz

Zu den historischen Schriften von Hanspeter Sturm gehört ein Artikel über Otto Trefz. Was Sturm über diesen Mann schreibt, ist nicht einfach in die Firmen- und Stadtgeschichte einzuordnen. Trefz war ein den Kreis Ludwigsburg beherrschender Funktionär der NSDAP. Der Artikel über ihn erschien 2007 in der Beilage der *Kornwestheimer Zeitung* mit dem Titel: »Otto Trefz. Hilfsarbeiter – Lehrer – Staatsfeind – Ziegelei-Arbeiter – NS-Kreisleiter – stellv. Bezirksleiter in Reval – Hauptschuldiger nach Spruchkammerurteil – wieder Lehrer«. Der Untertitel umreißt den Lebensweg.

Warum hat sich Sturm mit Otto Trefz befasst?

Er nennt Daten, Orte, Aktivitäten dieses Mannes und bewertet den Prozess der Entnazifizierung. Man könnte erwarten, es sei ein Beitrag zur Aufklärung der Ereignisse in Kornwestheim. Das ist aber nicht der Fall.

Es bestand in Kornwestheim ein Geflecht von Beziehungen, ausgehend von Trefz. Um dies darzustellen, muss ich Umwege gehen.

Trefz war nach Sturm der Beschützer des Michael Wolff. Ich wiederhole kurz, was ich oben zitiert habe »Das kurioseste Ergebnis der Frage, warum die Juden dieser Stadt […] nicht in Vernichtungslager kamen, ist die paradoxe Feststellung, [...] dass [...] O.T. nicht bestraft wurde, weil er ein jüdisches Ehepaar [...] beschirmte.« (klSt)

Alles, was man bis 2007 von Sturm über Trefz erfuhr, ist positiv: Er war der Freund eines ehemaligen Gastwirts, er beschützte ein jüdisches Ehepaar und die Juden der kleinen Stadt, er machte einen großen Karrieresprung. Für den Artikel »Otto Trefz« konnte Sturm die Akten der Entnazifizierung nutzen und die Informationen über Trefz ergänzen. Was erfährt man nun über diesen Funktionär der Nazi-Partei?

In dem Artikel »Otto Trefz« befindet sich gleich unter dem Titel ein großes Foto von Trefz, ein Porträt in bester fachmännischer Qualität, daneben steht: »Otto Trefz als Kreisleiter 1936.« Da war der Abgebildete 35 Jahre alt, ein junger Mann in Uniform mit leicht angedeutetem Lächeln. Da schaut man zuerst hin, wenn der Artikel vor einem liegt, und mit dem Eindruck eines freundlichen jungen Mannes versorgt, beginnt man zu lesen.

Der zweite Teil, die Fortsetzung, ist genauso aufgemacht: unter dem überlangen Titel ein großes Foto, im Vordergrund Trefz, um ihn Männer in Zivil, und darunter: »Trefz – im Ledermantel – als Parteiführer im Kriegseinsatz mit Parteifunktionären«.

Auch den zweiten Teil wird man erst nach einem Blick auf das Foto lesen. Der Eindruck ist aber nicht so gut wie beim ersten Teil, denn diese Ledermäntel waren die Standardkleidung der Gestapo und der Funktionäre der NSDAP. Ranghohe Täter trugen sie.

Am Zeitungsrand des ersten Teils steht eine kurze Lebensskizze: Trefz, ein junger Lehrer, gründete schon 1922, da war er 21 Jahre alt, in Heilbronn eine NSDAP-Gruppe und 1924 wurde er wegen der Bildung eines paramilitärischen Bundes und entsprechender Aktivität angeklagt, zu einer Geldstrafe verurteilt und daraufhin aus dem

Schuldienst entlassen. Vier Jahre als Ziegelei-Arbeiter folgten, aber 1928 wurde er wieder in den Schuldienst aufgenommen – in Kornwestheim. 1930 gründete er in dieser Stadt die NSDAP-Ortsgruppe, nach zwei Jahren wurde er Kreisleiter dieser Partei und nach weiteren elf schickte man ihn »zum Kriegseinsatz« nach Estland. So die Lebensskizze.

Im Mai 1945 wurde Trefz in ein Internierungslager gebracht. Eine Entnazifizierungskommission beschäftigte sich mit ihm. Er wurde von der Spruchkammer Nord-Württemberg, Ludwigsburg, als Hauptschuldiger zu dreieinhalb Jahren Arbeitslager und zu erheblichen Geldbußen verurteilt.

Otto Trefz wurde zur Last gelegt, er habe als Kreisleiter der NSDAP Ludwigsburg ab 1933 122 Verhaftungen von Nazi-Gegnern veranlasst und in einigen Fällen zusammen mit der Gestapo vorgenommen, er sei persönlich bei der Zerstörung der Synagoge in dem Nachbarort Freudental beteiligt gewesen, er habe eine Frau wegen ihrer Kontakte zu Kriegsgefangenen demütigend behandelt, außerdem Spendengelder veruntreut und anderes mehr. Trefz wies alle Vorwürfe zurück, nur die Behandlung der Frau bedauerte er.

Damals Verhaftete bezeugten Trefz' Verantwortung und Teilnahme, was mit Zeitungsberichten jener Jahre belegt wurde. In Freudental, behauptete Trefz, sei er nie gewesen. Aber ein Zeuge sagte, dass Trefz in der Frühe des 9. November 1938 nach Freudental gefahren sei, und andere Zeugen erklärten, dass dort 30 bis 40 Männer von der Ludwigsburger NSDAP unter Leitung von Trefz und dem Ortsgruppenleiter von Freudental alles, was in der Synagoge war, zerschlagen, auf einem freien Platz aufgestapelt und in Brand gesteckt haben. Die Juden des Ortes mussten um das Feuer herum fast zwei Stunden knien.

Zu den Spendengeldern gab Trefz an, seine Sekretärin habe die Gelder verwaltet. Diese bezeugte eidesstattlich: »Mir ist bekannt, dass Herr Trefz von der Firma Salamander jährlich etwa 2000 bis 4000 RM zur freien Verfügung für besondere Zwecke erhielt. Dieses Geld übergab mir Herr Trefz jeweils in bar und ich hatte genau darüber Buch zu führen.« Die Direktoren Hammelbacher und Gundelsweiler von Salamander, danach befragt, sagten aus, dass Trefz oft Geld gefordert und erhalten hatte, unter anderem 1938/1939 einen Betrag von 21 500 RM. An eine solche Summe hätte sich die Sekretärin erinnert, aber davon hat sie wohl nur einen kleinen Teil erhalten, den großen Rest muss Trefz auf dem Weg zu seiner Sekretärin verloren haben.

Eine Frage kann ich nicht beantworten: Warum hat Salamander dem Kreisleiter Trefz oft oder regelmäßig Geld gegeben? Trefz muss etwas für Salamander getan haben, was der Bezahlung wert war. Vielleicht hängt es zusammen mit dem Inhalt der Bescheinigung, die Salamander am 19. August 1946 schrieb: »Herr Otto Trefz, früher Ludwigsburg *(z. Zt. Internierungslager – V. F.)*, war von allen uns bekannten Kreisleitern der NSDAP der gemäßigtste und anständigste. Obgleich ihm bekannt war, dass wir den Nationalsozialismus ablehnten, hat er unseres Wissens nie gegen uns gearbeitet, sondern die Interessen der Firma vernünftig und sachlich vertreten.« Unterschrieben von Haffner und Gundelsweiler. Ablehnung des NS-Regimes? Beide waren Mitglieder der NSDAP und als Direktoren des Konzerns Nutznießer des Nazi-Systems. Inwiefern hat Trefz ihre Interessen vertreten?

Wenn man genau hinschaut, trübt sich das Bild des als gemäßigt und anständig beschriebenen Otto Trefz.

Die Zentrale Spruchkammer Nord-Württemberg, Ludwigsburg, bestätigte am 18. November 1948 das erste Urteil. Zu seinen Gunsten spreche, dass er erreicht habe, dass Salamander ehemalige Gewerkschafter weiter beschäftigte, und dass er sich für den Schutz von Michael Wolff eingesetzt habe. Beides sei glaubwürdig vorgetragen worden. Dennoch lautet das Urteil: »Er *(Trefz – V. F.)* musste in die Gruppe der Hauptschuldigen eingestuft werden. Die Pflicht zur Wiedergutmachung erforderte nach Ansicht der Kammer die im Spruch festgesetzten Sühnemaßnahmen.« (Akte StaL EL 903/3 Bü 468 und StaL EL 905/4 Bü 1015) Ende 1948 war er unter Anrechnung der Internierungshaft wieder auf freiem Fuß.

Auf den sechs Zeitungsseiten mit dem Artikel »Otto Trefz« stehen Informationen über den beruflichen und politischen Werdegang des Otto Trefz und dazu raumfüllende, belanglose Sätze. Nur bruchstückhaft erfährt man etwas darüber, worin seine Tätigkeit bestand, für die er als Hauptschuldiger bestraft wurde.

Wodurch hat es dieser Mann, ein unbedeutender junger Volksschullehrer, geschafft, die Berliner Parteizentrale der NSDAP auf sich aufmerksam zu machen und so zu beeindrucken, dass sie ihm eine Herrschaftsfunktion im Kreisgebiet und später ein hohes Amt in Estland übertrug?

Im ersten Teil geht Sturm auf die 20er und 30er Jahre ein, weitgehend Wertungen vermeidend, ohne Hinweis auf eine strafwürdige Handlung. Die Wahlergebnisse von 1928 bis 1933 in Kornwestheim sind enthalten. Aus ihnen geht hervor, dass die Stadt noch bis zur Reichstagswahl im März 1933 einen starken, die Mehrheit bildenden linken Block aus SPD und KPD aufwies. Das waren »missbillige Personen«, von denen Trefz manche verhaften ließ, wie es im letzten Satz der von Sturm geschriebenen Lebensskizze heißt.

Im zweiten Teil erfährt man, wie im Fall Trefz die Entnazifizierung verlief. Er wurde sofort nach dem »Zusammenbruch« in ein Internierungslager eingewiesen. Die Haftbedingungen seien 1945/1946 äußerst hart gewesen, klagt Sturm. Nach meiner Erfahrung waren die Lebensbedingungen außerhalb von Haftmauern auch sehr hart, und dafür waren die Männer hinter der Haftmauer verantwortlich. Dieser Gedanke kommt bei Sturm nicht vor. Sturm hält dieses Nachkriegsverfahren zur Feststellung der Schuldigen für falsch und überflüssig. Er zitiert namhafte Männer der Nachkriegszeit, deren Meinung er voll akzeptiert. Die US-amerikanische Besatzungsmacht habe ungeheuer viele Männer der Entnazifizierung unterzogen. Einem Drittel der Bevölkerung, die Angehörigen der Betroffenen eingeschlossen, habe es Unglück und schwierige Lebensbedingungen gebracht. Man hätte die »Kleinen« laufen lassen sollen und sich in individuellen Verfahren auf die paar Hauptschuldigen konzentrieren müssen. Zu denen, meint Sturm, sei Trefz nicht zu rechnen. Das habe 1949 das Urteil der Ludwigsburger Zentral-Berufungskammer ergeben. Sie habe Trefz zu den Belasteten zurückgestuft.

Zur gesellschaftlichen Situation der ersten Nachkriegsjahre in der amerikanischen Besatzungszone muss gesagt werden, dass es weit verbreitet war, von Siegerjustiz zu sprechen. Jedoch gemessen an der Schuld, über die juristisch verhandelt wurde, waren die Urteile der Spruchkammern außerordentlich mild. Sie kamen allgemein unter dem formalen Gesichtspunkt der NS-Funktion zustande. Es mangelte sowieso an Belegen für direkte Beteiligungen an verbrecherischen Handlungen.

Berufungsverfahren, Gnadenanträge und -erlasse führten sehr schnell zu Urteilssprüchen, die noch milder ausfielen als die der Spruchkammern. Auch im Fall Otto Trefz. Er hatte mehrere Gnadengesuche eingereicht. In dem württembergischen Finanzminister Karl Frank, von 1931 bis 1945 Oberbürgermeister von Ludwigsburg, einen einflussreichen Befürworter für die Zurückstufung als Belasteter. Das war kein Freispruch und die Pflicht zur finanziellen Sühneleistung wurde nicht zurückgenommen. Trefz war Weihnachten 1948 bei seiner Familie. Ab 1951 arbeitete er wieder als Lehrer, nun als Oberlehrer, und wurde wie zuvor Beamter mit Pensionsanspruch.

Selbst der zu zehn Jahren Haft verurteilte Chef der Zivilverwaltung »Ostland«, Hinrich Lohse, Trefz' oberster Chef während seiner Tätigkeit in Estland, wurde 1951 freigelassen.

Dieser Umgang mit der NS-Vergangenheit setzte sich in der Bundesrepublik unter Adenauer in den 50er Jahren fort, bis schließlich so gut wie alle Nazi-Täter rehabilitiert waren.

Außer den langen Zitaten prominenter Leute gegen die Entnazifizierungspraxis der Besatzungsmacht teilt Sturm mit, über welche Tätigkeitsbereiche des Otto Trefz die Spruchkammer verhandelte und welche Verteidigungsstrategie der Anwalt verfolgte. Konkrete Fakten der Anklage nennt Sturm nicht, dafür aber zählt er auf, was zur Entlastung des Trefz vorgetragen wurde. Nur mittelbar erfährt man, wofür sich Trefz verantworten musste, indem Sturm aus dem Bericht eines Reporters zum zweiten Spruchkammerurteil in der »Stuttgarter Zeitung« Folgendes zitiert: »Die Kammer erkannte seinen aktiven Einsatz bis 1933 als durchaus idealistisch an. Bei der Würdigung seiner propagandistischen Tätigkeit als Kreisleiter von Ludwigsburg und Ortsgruppenleiter von Kornwestheim, ferner seiner leitenden Funktion bei der Zerschlagung der örtlichen Gewerkschaften, Arisierung von Geschäften und Gleichschaltung von Behörden und Staat kam die Kammer dagegen zu der Überzeugung, dass Trefz damit der NS-Gewaltherrschaft eine außerordentliche Unterstützung zuteil werden ließ. Weiterhin belastete ihn seine persönliche Mitwirkung beim öffentlichen Anprangern und Kahlscheren einer Frau, die mit einem Schild um den Hals durch die Straßen einer Ortschaft geführt wurde, weil sie Umgang mit Kriegsgefangenen gehabt hatte.«

Sturm meint, es sei dem Verteidiger gelungen, die entlastenden Aussagen der Zeugen optimal für Trefz darzustellen. Fast alle Zeugen für Trefz waren NSDAP-Mitglieder, manche hatten die Entnazifizierung günstig hinter sich gebracht. Das trifft für die Zeugen der Ludwigsburger Zeit wie für die der Zeit des »Kriegseinsatzes« in Reval zu. Über die Tätigkeit in Reval sagten Zeugen aus, die in Estland bei Trefz gearbeitet oder in gutem Kontakt zu ihm gestanden hatten. Christine Arbogast, Autorin des Buches »Herrschaftsinstanzen der württembergischen NSDAP« (ChAr), fand heraus, dass in den Akten als Zeugen und Befürworter von Lehrern in Nazi-Funktionen häufig dieselben Namen auftauchen, nämlich die Namen hoher Verwaltungsbeamter und Landtagsabgeordneter. (ChAr S. 247) Da bestand, wie es aussieht, ein Netzwerk ehemaliger Nazi-Funktionäre, die sich für beschuldigte Nazi-Lehrer einsetzten, unter anderem für Trefz.

Nur Aussagen gab es für Trefz. Entlastende Beweise wurden nicht erbracht, nicht für die Tätigkeit in Ludwigsburg, nicht für die Arbeit in Estland. Beweismaterial für die Ludwigsburger Zeit war offenbar noch nicht zusammengetragen worden oder war nicht auffindbar oder wurde nicht wahrgenommen. Der Mangel an Dokumenten, die Estland betrafen, ließ sich bequem mit der eiligen Flucht vor der anrückenden Roten Armee begründen.

Estland ist ein besonderes Kapitel der Tätigkeit des Otto Trefz.

Wie sah es in Estland aus, als Trefz dort ankam, und zu welchem Zweck wurde er dorthin geschickt?

Die Vorgänge im Baltikum sind ein sehr grausamer Teil der Nazi-Verbrechen. In einer Rede am 20. Januar 1939, als der deutsche Angriffskrieg bereits vorbereitet war, hatte Hitler angekündigt: »Wenn es dem internationalen Finanzjudentum in und außerhalb Europas gelingen sollte, die Völker noch einmal in einen Weltkrieg zu stürzen, dann wird das Ergebnis nicht die Bolschewisierung der Erde und der Sieg des Judentums sein, sondern die Vernichtung der jüdischen Rasse in Europa.« (Gr/Eh S. 1018) Eine frühe Drohung mit der »Endlösung«.

Mit dem Angriff gegen die Sowjetunion im Juni 1941 begann die Tätigkeit des dafür gebildeten Reichsministeriums für die besetzten Ostgebiete, als »Ostland« bezeichnet. Es betraf das Baltikum und die westlichen Gebiete Belorusslands. Das Hauptziel war festgelegt: die vollständige Vernichtung der Juden, die Deportation der anderen hinter den Ural (was nach dem misslungenen »Blitzkrieg« nicht realisierbar war) und die Germanisierung großer Teile der heimischen Bevölkerung. Chef dieses Ministeriums war Alfred Rosenberg in Berlin. Ihm unterstand der Reichskommissar in Riga, Hinrich Lohse. Lohse war der Chef der Zivilverwaltung. Ihm unterstellt war der Generalkommissar Karl-Siegmund Litzmann mit Sitz in Reval. Zum Generalkommissariat gehörten die Bezirksleiter für Litauen, Lettland und Estland. Litzmann war der Chef von Otto Trefz, als dieser 1943 als stellvertretender Bezirksleiter Estlands nach Reval kam.

Den deutschen Truppen, die das Baltikum besetzten, folgte die Einsatzgruppe A der SS auf dem Fuße und begann sofort mit der Liquidierung der Juden. Hier lebten ungefähr 250 000 Juden. Nur wenige, zehn bis zwölf Prozent, konnten fliehen oder evakuiert werden, da die deutschen Truppen hier sehr schnell vorrückten. Nicht alle Fliehenden erreichten unbesetzte sowjetische Gebiete. Die meisten Juden in Litauen, Lettland und Estland, vor allem die Männer, wurden in den ersten Wochen der Besetzung von Deutschen und von einheimischen Kollaborateuren erschossen. Das Töten hörte bis zum Ende der Besatzung nicht auf.

Die politische Organisation im Baltikum lag in den Händen der Zivilverwaltung, daneben gab es die Militärverwaltung. »Überall in den besetzten Gebieten arbeiteten Einheimische freiwillig mit der deutschen Zivilverwaltung zusammen und halfen den Einsatzgruppen und SS-Verbänden bei der Durchführung des Massenmords an den Juden. Besonders ausgeprägt war die Kollaboration in Litauern, Lettland und Estland, in Moldawien und der westlichen Ukraine.« (Gr/Eh S. 1016) Die Kollaborateure waren direkt oder indirekt an der Verfolgung und Vernichtung der Juden beteiligt. Nicht alle Juden wurden getötet, manche brachte man in Ghettos, weil man Arbeitskräfte brauchte.

Das war die Situation, als Otto Trefz ab März 1943 in Reval Aufgaben der Nazi-Herrschaft übernahm. Im Januar waren bei Stalingrad die deutschen Truppen vernichtend geschlagen worden. Das Ende des Krieges und der Nazi-Herrschaft war nur noch eine Frage der Zeit. Die Besatzungsbehörden begannen mit der Vernichtung der letzten Juden in den Ghettos und Lagern, weil nicht ein Einziger überleben sollte.

Otto Trefz gehörte zur oberen Schicht der Besatzungsbehörde Estlands. Der Auftrag, den er in der Schlussphase der Besatzung erhielt, muss unter anderem gelautet haben: Die SS bei der Organisierung der Aktionen zur Deportation oder Liquidierung der letzten Juden zu unterstützen und vor dem Verschwinden aus Estland alles beseitigen, was die Verbrechen beweisen könnte. Denn genau das ist geschehen. Vor den Augen unzähliger Zeugen. Sie haben geschildert, was vor sich ging. Das ist nachlesbar im »Schwarzbuch« von Wassili Grossman und Ilja Ehrenburg (Gr/Eh).

Es ist sehr unwahrscheinlich, dass Otto Trefz völlig unbeteiligt an den Vorgängen in Estland gewesen ist, dass er ganz unschuldig gearbeitet hat, bis die Rote Armee heranrückte.

Trefz nannte zu seiner Entlastung Zeugen. Wer nach Estland geschickt wurde, musste absolut zuverlässig, »osteinsatzfähig« sein. Die NSDAP ging kein Risiko ein. Zu diesen ausgewählten Leuten gehörten die Zeugen für Otto Trefz: Angestellte im Arbeitsbereich des Otto Trefz, der Sendeleiter des Revaler Rundfunks und einer seiner Mitarbeiter, estnische Arbeitskräfte und Frauen der Truppenbetreuung. Von ihnen wurde zum Beispiel Folgendes vor Gericht bezeugt:

»Ich weiß, dass jeder Deutsche in ihm *(in Trefz – V. F.)* nicht den Repräsentanten der Partei, sondern den warmherzigen Freund und Kameraden sah [...], ein Mann mit Herz und Gemüt, ein Mann von selbstloser Aufopferung.« (Rundfunkmitarbeiter)

»In seiner schlichten, einfachen Art gab er Hilfe und Trost. Er brachte allen Verwundeten Liebesgaben, gleich welcher Nation.« (Krankenschwester, nicht NSDAP-Mitglied)

»Bei der Betreuung der Verwundeten sah Trefz nur den Menschen, nicht Rassen und Völker.« (Mitarbeiterin beim Caritativen Hilfswerk)

»Trefz war meinen Volksgenossen bei der Flucht vor den Bolschewisten behilflich.« (Estin, Konzertsolistin bei der Truppenbetreuung)

Er organisierte Schiffe zur Flucht. »Diesem Umstand ist es zu verdanken, dass viele tausende antibolschewistisch eingestellte Einwohner Revals dem Zugriff der Russen entkamen.« (Sendeleiter des Revaler Rundfunks, zum Zeitpunkt der Aussage ohne Arbeit, daher kein Entnazifizierungsverfahren)

»Das gute Verhältnis zur Bevölkerung war auf die menschliche Haltung und untadelige Lebensführung des Herrn Trefz zurückzuführen.« (zwei Schwestern, Angestellte der Bezirksleitung, keine Entnazifizierung wegen BDM-Jugendamnestie)

»Wer zur Besetzung Estlands, 1940, durch die Russen in Estland war und von den vielen Ermordungen und Verschleppungen durch dieselben Kenntnis hatte, konnte verstehen, dass sich unzählig viele Esten aus Angst vor den Russen nach Deutschland flüchteten, und zwar freiwillig.« (zwei Schwestern, Estinnen, Else Karulin in Trefz' Amt, Anne Karulin bei der Wehrmacht angestellt)

Die Aussagen sprechen für sich. Ich verzichte darauf, sie zu kommentieren.

Zwei wesentliche, sich ergänzende Aussagen kommen mehrmals vor. Sie betreffen Trefz' Aufgabe in Reval und sein Verhältnis zur Zivilverwaltung.

Otto Trefz gab zu Protokoll: »Ich hatte mit der Zivilverwaltung nichts zu tun. Ich hatte als stellvertretender Bezirksleiter die Deutschen in Estland, soweit sie kein Soldbuch besaßen, [...] zu erfassen und zu betreuen.« (Akte StaL EL 903/3 Bü 468)

Genauso wurde es auch von mehreren Personen ausgesagt. Das bezeugten zum Beispiel die Schwestern Anne und Else Karulin in ihrer eidesstattlichen Erklärung: »Wir kannten seine *(Trefz' – V. F.)* dortige Arbeit sehr genau. Sie beschränkte sich auf die Betreuung der zivilen Reichsdeutschen. [...] Die Aufgabe des Herrn Trefz hatte aber mit Verwaltungsaufgaben des Generalkommissars oder der sogenannten Zivilverwaltung gar nichts zu tun.« Die beiden

Schwestern wiesen sich als estnische Staatsangehörige aus. Die Abschrift der Erklärung wurde vom Gericht beglaubigt.

Zu diesen beiden Zeuginnen ist zu bemerken: Sie gaben an, estnische Staatsangehörige zu sein. Aber es gab keinen estnischen Staat. Vor 1941 war Estland sowjetisches Staatsgebiet und nach 1944 auch. Dazwischen war es ein von Deutschland besetztes Gebiet, kein Staat. Die Angabe »estnische Staatsangehörige« machte mich stutzig. Ich fand heraus, dass es im Herbst 1944 eine estnische Kollaborationsregierung unter dem Ministerpräsidenten Otto Tief gab, vielleicht auch danach eine selbsternannte Exilregierung. (Otto Tief ist nicht zu verwechseln mit Otto Trefz.) Die Dokumente der Karulins könnten in dieser Zeit ausgestellt worden sein, vor ihrer Flucht aus Estland. Die Schwestern werden Grund zur Flucht vor der näherrückenden Sowjetarmee gehabt haben. Ich bin überzeugt, dass es Kollaborateure waren, Helfer des Nazi-Funktionärs Otto Trefz in Reval. Vielleicht lässt sich der Sachverhalt noch nachweisen.

Die mehrfach ausgesagte Beschränkung der Tätigkeit Otto Trefz' auf die Betreuung der zivilen Reichsdeutschen wird ergänzt mit dem Hinweis, er habe nichts mit der Zivilverwaltung zu tun gehabt. Demnach soll Trefz als Stellvertreter unabhängig vom Bezirksleiter, den er vertrat, tätig gewesen sein. Das ist unwahrscheinlich. Der Bezirksleiter und Trefz als sein Stellvertreter – das war die Zivilverwaltung. Karl-Siegmund Litzmann, der Generalkommissar in Estland, war der Chef der beiden Männer. Litzmanns Chef war der Chef der Zivilverwaltung für das Baltikum, Reichskommissar Hinrich Lohse. Dieser Mann in Riga wurde 1948 wegen der Vorbereitung und Durchführung der Judenvernichtung und anderer Verbrechen zu zehn Jahren Haft verurteilt. Litzmann hielt sich an die Weisungen aus

Riga. Die jüdische Bevölkerung Tallinns/Revals wurde fast vollständig ermordet.

Mit den Aussagen, Trefz hätte nichts zu tun gehabt mit der Zivilverwaltung, wird die Verantwortung des Otto Trefz für alles, was der Zivilverwaltung zur Last gelegt werden konnte, zurückgewiesen. Interessant ist, was der Zeuge Richard Oldenburg aussagte: »Mit der Zivilverwaltung hatte Herr Trefz überhaupt nichts zu tun. So kann er auch nicht für etwaige Ausschreitungen gegen die einheimische Bevölkerung verantwortlich gemacht werden, wenn solche geschehen wären [...]. Etwaige Ausschreitungen hätte der in ganz Estland überaus beliebte und als gerecht und loyal bei allen dort wohnenden Nationalitäten bekannte Generalkommissar Litzmann nie geduldet.«

Am Ende der Aussage steht: »Ich war Mitglied der NSDAP, Sturmführer der SA. Ich wurde durch Spruch der Lagerspruchkammer 71 vom 24. Juni 1948 in die Gruppe der Minderbelasteten mit einem Jahr Bewährungsfrist eingereiht.«

Dieser Zeuge deutet Übergriffe an, die es gegeben haben könnte, aber von Litzmann nicht geduldet worden wären. Der SA-Obergruppenführer Karl-Siegmund Litzmann wurde für sein Wirken als Generalkommissar für Estland am 30. Januar 1945 zum SS-Sturmbannführer ernannt. Weil er »gerecht und loyal« mit der einheimischen Bevölkerung umging? Auch mit Gegnern der deutschen Besatzung, mit Russen, mit Juden?

Selbstverständlich hatte Trefz überhaupt nichts mit Litzmann und den Verbrechen in Estland zu tun. Das muss alles Sache des Bezirksleiters gewesen sein, dessen Stellvertreter er war. Und belastendes Material wurde nicht gefunden. Man sollte vielleicht in Moskauer Archiven suchen.

Bevor die Vertreter Nazi-Deutschlands das »Ostland«, verließen, haben sie nach Möglichkeit alles vernichtet, was als Beweis für ihre Verbrechen dienen konnte. KZ-Häftlinge mussten die Massengräber öffnen und die Leichen verbrennen, damit nicht mehr erkennbar war, wie viele Menschen ermordet worden waren. Nur Asche sollte übrig bleiben. Es liegt auf der Hand, dass in diesem Feuer auch Akten brannten. Große oder kleine Feuer gab es sicher auch in Revals Umgebung. Trefz hat jedenfalls keine belastenden Dokumente in Estland hinterlassen.

Estland war übrigens nicht das einzige Gebiet der Auslandstätigkeit des Otto Trefz. 1940 war er in dem gerade besetzten Frankreich und kurzfristig 1938 in Österreich, wo sich seine Aufgabe auf die Eingliederung in das »großdeutsche« NS-Regime erstreckte.

Sturm stellt uns im zweiten Teil seines Artikels »Otto Trefz« enge Vertraute vor, die dem Kreisleiter von Ludwigsburg zur Seite standen. Drei Fotos von Personen hat Sturm beigefügt. Er setzte folgende Unterschriften unter die Fotos: »Willy Fahrion, Unterbannführer XI/121 Ludwigsburg und zugleich Adjutant des Kreisleiters und Kreisorganisationsleiters aus Kornwestheim«; »Hilde Benz, Ringbannführerin XI/121 aus Kornwestheim«; »Unterbannführer Bühler, Ludwigsburg Stadt VII/121«. Das waren seine »Jugendmitarbeiter« aus der »Kampfzeit«, sozusagen seine Zöglinge. Die beiden Männer standen als Unterbannführer etwa im Rang eines Oberstleutnants, die Ringbannführerin Benz etwa im Rang eines Majors. Seinen Adjutanten Fahrion setzte Trefz 1938 in Wien ein, Hilde Benz ging mit ihm nach Estland.

Fahrion wurde 1948 während seiner Haft im Internierungslager von der Spruchkammer Ludwigsburg als Belasteter zu zwei Jahren und sechs Monaten Arbeitslager verurteilt, aber unter Anrechnung der Internierungszeit freigelassen (Akte StaL EL 903/3 Bü 608). Bühler war in Ludwigsburg unmittelbar dem NSDAP-Kreisleiter Trefz unterstellt. Welche Aufgabe er hatte, teilt Sturm nicht mit. Er nennt nicht einmal den Vornamen, und im Text kommt Bühler nicht vor. Es muss einen besonderen Grund gegeben haben, dass Sturm das Foto dieses Mannes veröffentlichte.

Der Name Bühler wird in Kornwestheim nicht unbekannt gewesen sein. Karl Bühler (nicht der HJ-Führer) und Wilhelm Bühler gehörten zu den im März 1933 Verhafteten. Sie waren aktive Kornwestheimer Nazigegner, Gewerkschafter, Mitglieder der Kommunistischen Partei. Karl Bühler wurde ins KZ Heuberg gebracht. Wilhelm Bühler kam ins Ludwigsburger Gefängnis und wurde nach kurzer Zeit freigelassen. Otto Trefz hat sich für die Freilassung eingesetzt. Karl Bühler konnte nach seiner Entlassung 1937 mit Trefz' Einverständnis bei Salamander arbeiten. Ich denke, Karl Bühler war einer der Gewerkschafter (oder der Einzige), auf den sich die Zentrale Spruchkammer bezog, als sie angab, was für Trefz sprach.

Vermutlich waren Wilhelm und Karl Bühler Verwandte des HJ-Unterbannführers Bühler. Ein politischer Riss trennte nicht selten ganze Familien. Ich kann mir vorstellen, dass sich Trefz für beide Bühlers mit Rücksicht auf seinen Vertrauten aus der »Kampfzeit« im »Schwanen« eingesetzt hat.

Das Foto des HJ-Unterbannführers Bühler in diesem Artikel erscheint mir, so es denn eine familiäre Beziehung gab, als wollte Sturm wortlos auf die Hilfe des Otto Trefz für die politischen Gegner der Bühler-Familie hinweisen.

Fürsprecher, entlastende Zeugen und Vertraute – das soll ein vorteilhaftes Bild von Trefz vermitteln. Und Sturm fügt etwas hinzu, um zu belegen, dass von diesem Trefz ein tadelloses Charakterbild gezeichnet wurde. Kommentarlos zitiert Sturm einen Funktionär der NSDAP, der eine Lobeshymne auf Trefz vortrug, als dieser vor seinem Einsatz im

Baltikum als Kreisleiter verabschiedet wurde. Der Redner dankte ihm für seinen »unermüdlichen Einsatz und die kameradschaftliche Haltung, durch die er die Herzen seiner Mitarbeiter gewonnen hat«. Weiter heißt es dort: »Immer war er ein gerechter, sachlicher Führer und ein aufrichtiger, ehrlicher Kämpfer mit sauberem Herzen, der klare Urteilskraft mit guter Menschenkenntnis verband. Unter Vermeidung aller materiellen Interessen ist er das geblieben, was er in der Kampfzeit war, der ideelle alte Kämpfer Otto Trefz.« (Trefz)

Ich kann mich nicht des Eindrucks erwehren, dass Sturm diesem Otto Trefz sozusagen ein gutes Andenken verschaffen wollte. Er sollte wohl in der Erinnerung der Leute nicht der üble Nazi sein, der Ober-Nazi des Kreises Ludwigsburg.

Die Idee der »schützenden Hände« könnte ich als politischen Unsinn abtun, wenn die Sache nicht so ernst wäre. Noch viel ernster zu nehmen ist Sturms Wertschätzung des Otto Trefz. Sturm rehabilitiert diesen Mann und unterstreicht die Rehabilitierung, die Trefz nach der kurzen Phase der Entnazifizierung durch die Bundesrepublik erfahren hat. Es ist, als rufe Sturm den Lesern zu: Vergesst die Vergangenheit, vergesst, was man Trefz nachsagt, und wenn er Übeltaten zu verantworten hatte, dann verzeiht ihm. Glaubt mir, so übel war der Otto Trefz nicht, er ist nur seinen Idealen gefolgt.

Sehr ernst nehme ich auch, was Sturm 1948 in einer Rede vor der Volksvertretung zur Entnazifizierung sagte: Er verurteile Fanatiker. Das richtete sich gegen Antifaschisten, die gegen die milde Behandlung der Schuldigen opponierten und eine härtere, den Taten angemessene Bestrafung erwarteten. Sturm zitiert in dem Artikel über Trefz, was er selbst damals gesagt hat, als klar war, dass die Beschuldigten nicht mit strengen Urteilen zu rechnen hätten: »Manch einer, der noch vor einem Jahr ein frisch-fröhlicher Antinazi war, hat heute an seinem Überfanatismus Schiffbruch gelitten und frisst seinen Zorn hinunter auf der fettgrünenden Weide neuer Opposition.« Diese Worte liegen auf der gleichen Linie des Denkens wie die sechs Jahrzehnte später von Sturm geschriebenen. Und indem er es, sich selbst zitierend, 2007 wiederholt, bezeugt er, dass sich an seiner Meinung nichts geändert hat.

Das Problem Trefz kann ich nicht mit dem Blick auf seinen Lebensweg abschließen. Es bleibt eine Frage offen: Warum erwähnt ihn Sturm in seinen Artikeln? Das geschah nicht beiläufig. Es muss zwischen Trefz und Sturm eine Verbindung geben.

Der Artikel »Otto Trefz« ist mehr oder weniger eine Ehrenrettung. Er soll ein Idealist gewesen sein, niedrige Motive für sein Handeln könne es nicht gegeben haben.

Was über Trefz dokumentiert ist, hat Christine Arbogast aufgeführt. Ich zitiere sie: »In seiner Funktion als Kreisleiter war Trefz unmittelbar nach der ›Machtergreifung‹ maßgeblich bei der Inhaftierung von politischen Gegnern beteiligt, insbesondere von Mitgliedern und Funktionären der KPD. Er zeigte sich unversöhnlich im Umgang mit Andersdenkenden.« (ChAr S. 176)

Weiterhin: »Otto Trefz begann in jungen Jahren, sich politisch zu engagieren. Gerade 19 Jahre alt, nahm er an den bewaffneten Auseinandersetzungen im Gefolge der Streiks von 1920 teil. Auch zu Beginn der 30er Jahre stand er beim Kampf der politischen Parteien in Kornwestheim und Ludwigsburg an vorderster Front und hier ging es oft gewalttätig zu. Schlägereien und Saalschlachten waren bei Veranstaltungen der NSDAP an der Tagesordnung. Trefz gehörte zu den ›alten Kämpfern‹, die sich bedingungslos den Zielen der ›NS-Bewegung‹ verschrieben hatten.« (ChAr S. 175/176)

Er war außerdem ein Antisemit. Vor der Spruchkammer gab er seinen Antisemitismus zu Protokoll: »Ich hätte es in den Jahren nach dem Ersten Weltkrieg, als die große Judenarmee aus dem Osten anrückte, sehr begrüßt, wenn das jüdische Element sich etwas mehr Zurückhaltung auferlegt hätte, das bekenne ich offen und freimütig.« Für die Vernichtung der Juden sei er nicht verantwortlich, von Konzentrationslagern und den dort verübten Grausamkeiten habe er nichts gewusst. (Akte StaL EL 903/3 Bü 468 und ChAr S. 176) Es gab in Estland 22 Konzentrationslager. In der Nähe von Reval befand sich das KZ Kharko. Er will nicht gewusst haben, dass es dieses Lager gab und was dort geschah?

In der Lobeshymne bei Trefz' Verabschiedung als Kreisleiter ist gesagt worden, er habe keine materiellen Interessen verfolgt. Zumindest in Estland hat er materielle Möglichkeiten weitgehend ausgenutzt. In Reval lebte Trefz »auf großem Fuß und pflegte einen luxuriösen Lebensstil«. Und: »Schließlich wurde ein Kassenprüfer mit der Untersuchung der Angelegenheit beauftragt.« (ChAr S. 176/177) Wegen überzogener finanzieller Forderungen hat der Reichsminister für die besetzten Ostgebiete, Alfred Rosenberg, Trefz zurechtgewiesen und ihm die »Ostfähigkeit« abgesprochen.

Dem Gewalttäter aus Überzeugung, dem Antikommunisten und Antisemiten hat Sturm einen Gedenkartikel gewidmet und ein großes, schönes Foto beigefügt. Noch einmal meine Frage: Warum? Ich vermute, die Verbindung von Sturm zu Trefz geht über Bühler, den »Unterbannführer« in Ludwigsburg, der mit Vornamen Kurt hieß, was Sturm aber nicht mitteilt.

Ich bin überzeugt, Sturm wird, wie fast alle Schüler, mit zehn Jahren zum Jungvolk und mit vierzehn Jahren zur HJ gehört haben. Er mag sich in die Kinder- und

Jugendorganisation der Nazis eingeordnet haben, ohne deren Sinn zu begreifen. Mit vierzehn sucht man Vorbilder, für die man sich begeistern kann. Nehmen wir an, Kurt Bühler besaß in der Gemeinschaft, in der sich Sturm befand, großes Ansehen. Nehmen wir weiterhin an, der heranwachsende Junge Hanspeter Sturm sah in Bühler einen Mann, zu dem er aufblicken konnte. Das könnte erklären, warum Sturm, als er sich mit Otto Trefz befasste, ein Foto von Bühler in den Artikel aufnahm. Bühler ist nach meinem Eindruck das Bindeglied zu Trefz. Das Foto ist dazu bestimmt, auch Bühler nicht zu vergessen. Ich behaupte nicht, dass Sturm die Denkweise seines HJ-Führers übernommen hat, aber etwas davon ist bei ihm hängen geblieben. Es kann auch ganz andere Ursachen haben, dass Sturm in seinen historischen Schriften Elemente der Nazi-Sprache verwendet. Die Pädagogen seiner Schulzeit mögen den Jungen beeinflusst haben oder eine Gruppe von Freunden in braunen Uniformen oder seine Familie oder irgendwer, zu dem er in besonderen Kontakt stand. Egal, wo die Ursache zu suchen ist, die Folge ist die Nähe des Stils von Hanspeter Sturm zu der Ausdrucksweise der Nazis. Was er als Jugendlicher kennenlernte und aufnahm, hat er nicht abgelegt. In seiner Rede von 1946, da war er 25 Jahre alt, beschimpft er auf üble Art die Antifaschisten. Und 2007 zitiert er diese Rede ohne Abstriche. Er stand noch immer zu dem, was er damals sagte. Das ist der Boden, auf dem Elemente der Nazi-Sprache gedeihen.

Ich habe mich mit Trefz und Bühler scheinbar von dem Thema Salamander und Kornwestheimer Geschichte entfernt. Aber Kornwestheim ist in der Tat eine kleine Stadt, in der vieles zusammenfließt.

Die Sprache des Hanspeter Sturm

Die Sprache ist ein Ausdruck des Denkens. Man kann versuchen, die Gedanken zu verbergen, aber das ist nicht einfach. In Sturms Texten wird seine Denkungsart sichtbar.

Man findet bei Sturm eine Nähe zur Sprache der Nazis. Er gebraucht die von den Nazis geprägten demagogischen, diffamierenden und unsinnigen Wörter fast immer ohne Distanz. Ich zähle Beispiele auf:

»Reichskristallnacht« ist eines der Wörter. Die Bezeichnung »Kristallnacht« wählten die Nazis, als sei das Kristall reicher Juden zerschlagen worden. Die Juden sollten wahrgenommen werden als reiche, auf Kosten anderer Menschen lebende Parasiten. Und Sturm setzt auch noch »Reich« davor, ein in der Nazi-Zeit üppig wucherndes Wort, das vielen Bezeichnungen vorangestellt wurde.

Es fehlt nicht das Wort »Zusammenbruch«, verwendet von Leuten, für die eine Welt untergegangen war. Was ist ihnen zusammengebrochen? Das Gebäude des idealen »großdeutschen« Reiches? Das Denkmodell, »Herrenmenschen« zu sein? Ich habe in den Nachkriegsjahren manchen getroffen, der vom Zusammenbruch sprach. Später nicht mehr. Und nun, geschrieben 2007, begegnet es mir wieder als Überschrift eines Abschnitts im Trefz-Artikel: »Der Zusammenbruch 1945 und die Folgen für Trefz«.

In der Regel verzichtet Sturm auf die Anführungszeichen, es kommt aber vor, dass er sie setzt, zum Beispiel »Drittes Reich«, oder er schreibt »sog. Ostmark«, also weiß er sehr wohl, dass es nötig wäre, die Distanz anzuzeigen. Mehrmals, sogar als eine Zwischenüberschrift, steht bei Sturm undistanziert die »Kampfzeit«, im Text auch zeitlich bestimmt als »Kampfzeit 31«. Das war die Zeit, in der die Knüppeltrupps der SA Sozialdemokraten, Kommunisten, Gewerkschafter überfielen und Saalschlachten provozierten. Das Wort wurde von den Nazis für einen Höhepunkt ihrer Knüppel-Aktionen geprägt. Es müsste erkennbar sein, ob es vor und während der Nazi-Zeit üblich war, »Kampfzeit« zu schreiben, oder ob das Wort noch immer für normal gehalten wird und wie bei Sturm verwendet werden kann. Immerhin schreibt er einmal (2007) sogar: sogenannte Kampfzeit.

Der »alte Kämpfer« ist eine Ehrenbezeichnung für Trefz, ausdrücklich in der Lobeshymne bei der Verabschiedung Trefz' vor dem Einsatz in Estland so gebraucht und von Sturm kommentarlos wiedergegeben: »Unter Vermeidung aller materieller Interessen ist er das geblieben, was er in der Kampfzeit war, der ideelle alte Kämpfer Otto Trefz.«

Zu Sturms üblichem Wortschatz seiner Schriften gehören auch »Großdeutschland«, »Osteinsatz«, »Parteigenossen« für NSDAP-Mitglieder, auch die Gliederungen, Strukturen, Funktionen von Nazi-Organisationen und natürlich »arisch«. Unter einem Foto zur Epstein-Familie steht wie selbstverständlich: »Günther Epstein nimmt Abschied von der arischen Großmutter vor dem Einsatz im Kessel von Stalingrad« (schH). Die Wörter fließen in Sturms Texte ein, als seien sie noch aktuell. Da ist vom »Fähnlein«, von einem »Jungmädel«, vom »Bann« und vom »Gau« die Rede, vom »Memel- und Sudetengau«, vom »Unterbannführer« und von der »Bannführerin«. Sturm setzt voraus, dass heutigen Lesern das alles geläufig ist. Bedenklich ist dabei, dass diese Welt der Begriffe und des sich in diesen äußernden Denkens in Sturms Texten als ganz normal erscheinen.

Absolut unpassend ist die Überschrift eines Abschnitts im Artikel »Eine kleine Stadt«, die lautet: »Die Judenfrage«. Das ist ein grundlegender Terminus der Nazi-Ideologie, in dem das Programm des Völkermords steckt. »Frage« steht hier in der Bedeutung »ein Problem, das gelöst werden soll oder muss«. In diesem Fall – das Problem »Juden«. Das Wort »Judenfrage« ist festgeschrieben in dem Programm, das auf der Wannsee-Konferenz ausgebreitet wurde: »Die Endlösung der europäischen Judenfrage«. Der Terminus »Judenfrage« als Überschrift eines Abschnitts über den Schutz von Juden, ist untragbar.

Als Beleg für die Bedeutungsvariante von »Frage« im Sinne von »Problem« zitiere ich aus dem Brockhaus der Nazi-Zeit: »Judenfrage, die Erscheinungen [...] beim Zusammenleben der Juden mit den Wirtsvölkern [...]. Die bes. geartete rassische, religiöse und ethnische Entwicklung des Judentums haben die Begegnung der nichtjüdischen Völker mit den Splittern dieses Volkes zu allen Zeiten zu einem ernsten Lebensproblem gemacht.« Ein ernstes Problem muss gelöst werden, am besten durch eine »Endlösung«. Im »Ostland« wurde sie reale Praxis. Der Reichskommissar Lohse schrieb im August 1941 die »Richtlinien für die Behandlung der Judenfrage«, an die sich die ihm Unterstellten im Baltikum zu halten hatten.

Ich war erschreckt, als ich in dem Artikel über die »schützenden Hände« las: »Interessanterweise fehlt hier in der Parteiliste *(von 1948 – V. F.)* der Name Michael Israel Wolff.« Und: In der Liste von 1942 findet man »[...]nun auch den Namen von Michael Israel Wolff [...] und von Frida Sara Singer.« Die Zusätze »Israel« und »Sara« waren, wie der gelbe Stern, Kennzeichnungen für Menschen, die als minderwertig angesehen und zur Ausrottung bestimmt waren.

An einer Stelle berührte mich eine Formulierung sehr unangenehm. In dem Artikel über die »schützenden Hände« steht mit Bezug auf die Deportation von Julius Löw: »In einem kleinen Sammeltransport wurden die wohl letzten Juden aus dem Raum Stuttgart über Bayern in das Reichsprotektorat abgeschoben.« Das war die übliche Formulierung für den Transport von Menschen in die Konzentrationslager. Ich sehe, wenn ich dies lese, meine Großmutter Tale auf den Lkw steigen, vorsichtig, mit nur leicht gehobener Hand winkend, um nicht das Missfallen der mit auf den Lkw gestiegenen Gestapo-Männer zu erregen. So ist sie »abgeschoben« worden. In diesem Ausdruck steckt die ganze Verachtung für die Juden.

Menschen abschieben, das ist heutzutage in Medien täglich zu hören und zu lesen. Wie damals drückt sich darin die Verachtung von Menschen aus. Es geht um Flüchtlinge, die weggeschafft werden, zurück in ein Land, in dem sie durch Hunger, Misshandlung und Bomben gefährdet sind. Man will sie loswerden. Ich muss dabei an die Vergangenheit denken, an einen Lkw und eine vorsichtig winkende Hand.

Sehr gern lässt Sturm in der Schwebe, was er eigentlich meint. Manche Formulierung ist so oder so zu verstehen. Mir ist nicht klar, ob es Absicht ist oder mangelnde sprachliche Sorgfalt. Ich neige dazu, es für Absicht zu halten. Zum Beispiel schreibt er über die »Arisierung«, aber benennt sie nicht. Es heißt, dass die beiden Familien Levi und Sigle übereinkamen, »den seit 1891 eingeführten Gleichheitsgrundsatz unter dem Druck der äußeren Umstände zu ändern«. Gemeint ist die Übernahme der Levi-Aktien. Die äußeren Umstände erzeugten einen Druck und, wie es verstanden werden kann und wohl auch soll, einen Druck auf beide Seiten. Das Wort »Arisierung« vermeidet Sturm, und der Vorgang ist mehrdeutig.

Verschieden auslegbar ist auch die Formulierung, man habe wenig von den Kriegsgefangenen und den in ganz Europa Angeworbenen gewusst. Direkt im Anschluss benennt Sturm die für eine kleine Stadt ungewöhnlich große Zahl der Kriegsgefangenen und Zwangsarbeiter in den Kornwestheimer Lagern. Wovon hat man nur wenig gewusst? Von den Gefangenen, davon, dass es sie gibt, oder von den Lagerbedingungen? Und ganz nebenbei: Wenig gewusst zu haben, damit wird alles entschuldigt, was man Kornwestheimern vorwerfen könnte.

In den Angaben über »schützende Hände« lautet der Untertitel für das Beispiel Wolff: »Der Schützling des Parteigenossen Otto Trefz«. Es kann bedeuten, dass »Parteigenosse« als Bezeichnung für Trefz zu verstehen ist oder dass Trefz ein »Parteigenosse« seines Schützlings war. Letzteres ist nicht anzunehmen.

Dieser Mangel an Eindeutigkeit ist politisch relevant, wenn Sturm aufhört anzuzeigen, in welcher Zeit er sich bewegt. Das trifft für Passagen über die »Kampfzeit« zu. Es ist nicht erkennbar, ob diese Zeitbestimmung für die Jahre vor und nach 1933 galt oder ob sie noch immer für aktuell gehalten wird, als Bezeichnung für die Glanzzeit der Nazis.

Ein sonderbares Gebilde ist die »sogenannte Machtübernahme«. Sturm bekundet eine Distanz zu dem Wort. Er hält diese Bezeichnung nicht für angebracht. Welche dann? »Machtübertragung« als Angebot, das die Nazi-Partei angenommen hat? Oder »Machtergreifung« als eigene Aktivität, als große historische Tat? Das lässt Sturm offen. Er stellt »Machtübernahme« zwischen zwei mögliche Bezeichnungen und Inhalte. Er entscheidet sich nicht für eine von beiden. Lehnt er beide ab? Wie ist dann für ihn, aus der Sicht des Historikers, die »Machtübernahme« abgelaufen?

Wörter, die unbedingt mit kritischem Abstand benutzt werden sollten, sind für Sturm gebräuchliches Vokabular, das man ohne Bedenken verwenden kann. Vielleicht setzt er diese kleinen Doppelstriche nur zufällig, nur um darauf aufmerksam zu machen, dass es die Möglichkeit einer Distanzierung mit Anführungszeichen gibt, zu deren Verwendung man aber nicht verpflichtet ist.

Negative Sachverhalte können so dargestellt werden, dass sie harmlos erscheinen. Dafür findet man bei Sturm viele Beispiele. Er schreibt, dass Vorstandsmitglieder ausgeschieden sind, als sei es ihre Entscheidung gewesen, also ein normaler Vorgang. Umgangssprachlich würde man sagen: Sie flogen raus. Die Betroffenen waren nicht die Handelnden und das grammatische Subjekt, in dem sie erscheinen, ist unpassend, weil der negative Vorgang wertfrei ausgedrückt wird.

Irreführend ist es sogar, wenn es heißt, sie wanderten aus. Eine Auswanderung geschieht freiwillig. Jemand beschließt, das Land zu verlassen, weil er anderswo bessere Chancen für die Zukunft sieht oder weil er, wie viele Überlebende der Shoah, hier nicht mehr leben will. Aber die Personen, von denen in der Salamander-Geschichte berichtet wird, sind geflohen, haben sich vor der Gefahr, die mit der »Arisierung« begann, in Sicherheit gebracht. Sie sind emigriert. Es war eine Flucht. Sie wären lieber geblieben.

Und die Aktien, die unter solchen Umständen in »arische« Hände gingen, wurden in Sturms Schreibart »erworben«. So als habe es einen normalen, ehrlich verhandelten Kauf gegeben. In den Berichten des Salamander-Vorstands steht natürlich auch, man habe Geschäfte, Maschinen usw. erworben.

Noch ein Beispiel: Das heute offiziell übliche, demagogische Wort »Nationalsozialismus« wird auch von Sturm benutzt. Bekanntlich besteht es aus einem Grundwort, das durch ein vorangestelltes Wort näher bestimmt wird. Das Grundwort ist »Sozialismus«, das Bestimmungswort »national« = ein »nationaler Sozialismus«. Als »Nationalsozialismus« haben die Nazis ihr System bezeichnet, um die Menschen, die unter Sozialismus etwas Erstrebenswertes verstanden, für sich zu gewinnen. Was ihnen auch weitgehend gelang. Die sachgerechte Bezeichnung für dieses System ist: Faschismus, deutscher Faschismus. Wenn man aber heutzutage in unserem Land vom Faschismus spricht, gilt man bei vielen Leuten in diffamierendem Sinn als kommunistisch. Das Wort Faschismus ist stark negativ belastet, das schwächt man ab, indem man »Nationalsozialismus« dafür einsetzt. Gleichzeitig wird eine assoziative Verbindung zur DDR hergestellt, zu einem Sozialismus, der nur im Ansatz einer war und der gern als absolut negativ dargestellt wird. Auf diese Weise stehen Nazi-Herrschaft und DDR dicht beieinander, und das soll zu dem Gedanken führen: So schlimm kann es in der Nazi-Zeit ja nicht gewesen sein, denn die Bürger der DDR waren nicht dem Terror durch Hunger oder Massenmord ausgesetzt. Oder ganz im Gegenteil: In der DDR war es so schlimm wie bei den Nazis. So funktioniert Manipulation.

Ich versuche, auf die Verwendung von Begriffen wie »Nationalsozialismus« aufmerksam zu machen, damit diese nicht sorglos gebraucht werden. Denn es ist wichtig, über die Bedeutung von Wörtern nachzudenken.

Eins steht fest: Sturm geht locker mit dem Nazi-Wortschatz und mit Formulierungen für politisch relevante Situationen und Fakten um. Man findet keine Linie der Wertung. Jedoch gerade in dieser Art des Umgangs liegt eine Wertung, nämlich diese: Es ist nicht wichtig, sich zu distanzieren; es ist nicht wichtig, eindeutig zu formulieren; es ist nicht wichtig, die Dinge beim Namen zu nennen.

Mir kommt Max Liebermann in den Sinn, aber ich vermeide es, ihn zu zitieren.

Salamander nach 1945

Der letzte Gedanke, der das Buch abschließen soll, gilt natürlich Salamander.

Die Aktiengesellschaft begann mit einem Grundkapital von 32 Millionen RM. 1942 wurde es um 8 Millionen auf 40 Millionen RM aufgestockt, so beschlossen vom Vorstand am 17. April und ins Handelsregister am 3. Juni 1942 eingetragen. [Abb. 28 →208]

Die DM-Eröffnungsbilanz im April 1950 belegt, dass zum Zeitpunkt der Währungsreform, im Juni 1948, die Warenvorräte vorhanden waren, die zur Fortführung der Geschäfte benötigt wurden. »Dagegen betrugen unsere

Bankguthaben und Barmittel	23 Mio RM
Reichsschatzwechsel	9 Mio RM
Hypotheken	2 Mio RM
Wertpapiere	24 Mio RM«

Das ergibt ein Kapital von 58 Millionen RM [Abb. 11 →51], die 1 : 1 in DM umgewandelt wurden. Zusammen mit den vorhandenen Warenwerten verfügte Salamander über mehr als 60 Millionen DM. Zwar sind Bilanzwerte nicht mit Aktienkapital vergleichbar, aber sie sollen hier in Ermangelung anderer Zahlen die Situation anschaulich illus-

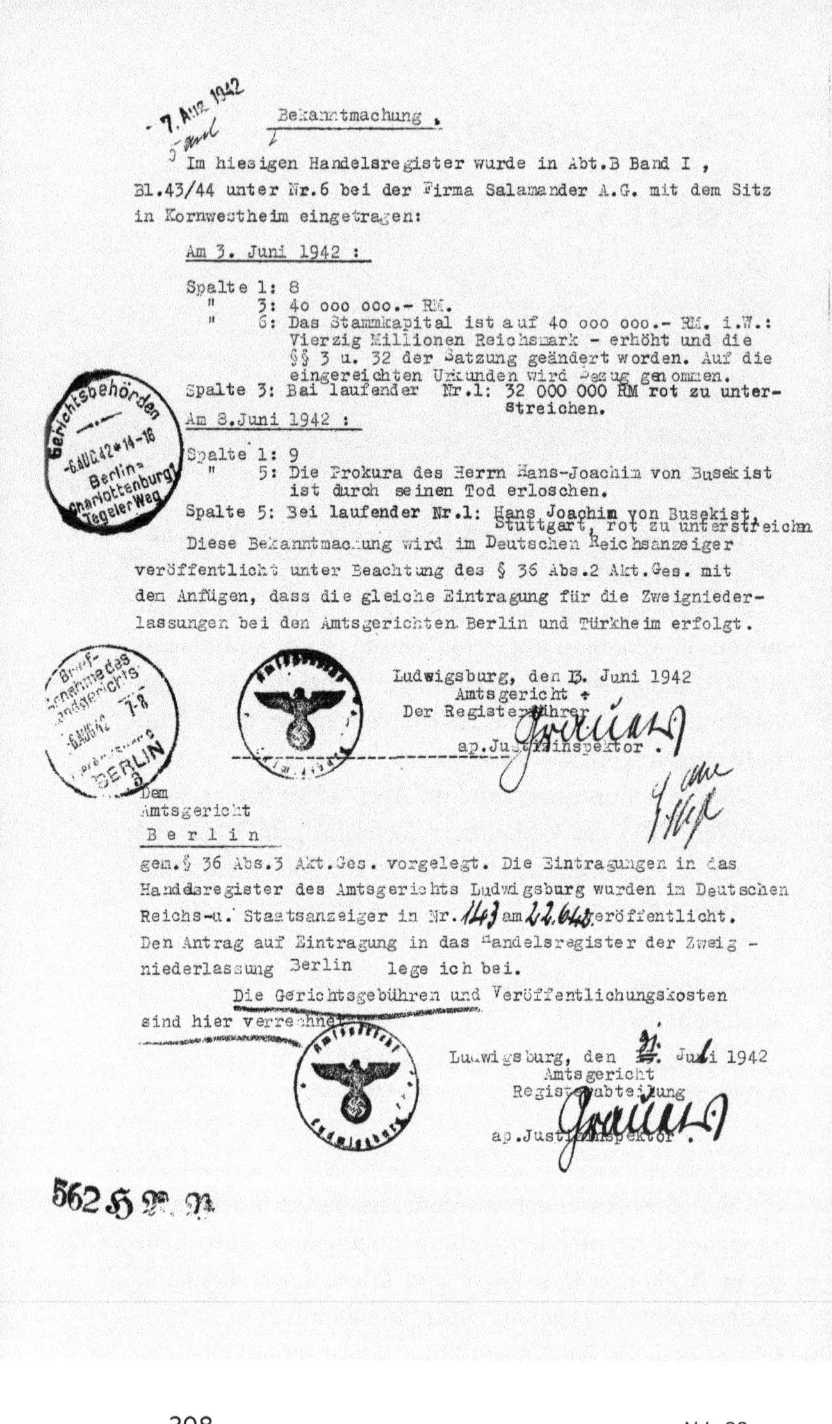

- 7. Aug. 1942

Bekanntmachung.

Im hiesigen Handelsregister wurde in Abt.B Band I, Bl.43/44 unter Nr.6 bei der Firma Salamander A.G. mit dem Sitz in Kornwestheim eingetragen:

Am 3. Juni 1942 :

Spalte 1: 8
" 3: 4o ooo ooo.- RM.
" 6: Das Stammkapital ist auf 4o ooo ooo.- RM. i.W.: Vierzig Millionen Reichsmark - erhöht und die §§ 3 u. 32 der Satzung geändert worden. Auf die eingereichten Urkunden wird Bezug genommen.
Spalte 3: Bai laufender Nr.1: 32 000 000 RM rot zu unterstreichen.

Am 8.Juni 1942 :

Spalte 1: 9
" 5: Die Prokura des Herrn Hans-Joachim von Busekist ist durch seinen Tod erloschen.
Spalte 5: Bei laufender Nr.1: Hans Joachim von Busekist, Stuttgart, rot zu unterstreichen

Diese Bekanntmachung wird im Deutschen Reichsanzeiger veröffentlicht unter Beachtung des § 36 Abs.2 Akt.Ges. mit den Anfügen, dass die gleiche Eintragung für die Zweigniederlassungen bei den Amtsgerichten Berlin und Türkheim erfolgt.

Gerichtsbehörden -6.AUG.42*14-16 Berlin-Charlottenburg 1 Tegeler Weg

Ludwigsburg, den 13. Juni 1942
Amtsgericht
Der Registerführer
ap.Justizinspektor.

Brief-Annahme des Landgerichts 7-8 -6.AUG.42 BERLIN

Dem
Amtsgericht
Berlin

gem.§ 36 Abs.3 Akt.Ges. vorgelegt. Die Eintragungen in das Handelsregister des Amtsgerichts Ludwigsburg wurden im Deutschen Reichs-u. Staatsanzeiger in Nr. 143 am 22.6.42 veröffentlicht.
Den Antrag auf Eintragung in das Handelsregister der Zweig - niederlassung Berlin lege ich bei.
Die Gerichtsgebühren und Veröffentlichungskosten sind hier verrechnet.

Ludwigsburg, den 21. Juli 1942
Amtsgericht
Registerabteilung
ap.Justizinspektor.

562 H R. B.

Abb. 28
Bekanntmachung des Gerichts
über die Eintragung ins Handelsregister:
Grundkapital auf 40 Millionen erhöht

trieren. Vom Beginn des Krieges (32 Mio RM) bis zur Währungsreform (58 Mio RM/DM) hat sich das Kapital fast verdoppelt. Und das in einem Jahrzehnt mit fünfeinhalb Jahren Krieg und trotz großer materieller Verluste und, dadurch bedingt, finanzieller Einbußen. 38 Millionen an Werten hatte Salamander durch Bomben, Plünderungen und wegen der nicht mehr zugänglichen »Ostwerte« jenseits von Elbe und Oder verloren.

Salamander stieg mit der DM in die Nachkriegswirtschaft ein und erzielte sofort gute Gewinne. Das Unternehmen besaß noch immer vieles, was 1933 vorhanden und danach hinzugekommen war an Häusern, Grundstücken, Geschäften, Fabriken und Maschinen. Die Warenvorräte erhöhten sich bis zum 31. Dezember 1950, und die Wertpapiere lagen um diese Zeit, Dezember 1950, um etwa 5 Millionen DM höher als vor der Währungsreform.

Zu den Warenwerten, das sei nicht vergessen, gehörten die in der Köpenicker Straße reparierten Schuhe, an denen ich mit wunden Fingerspitzen die Festigkeit von Lederstreifen prüfen musste. Auch diese Schuhe erbrachten Gewinne.

Allgemein wird heute erzählt, dass es Salamander nicht mehr gäbe, aber Salamander-Schuhe und andere Salamander-Produkte sind auf dem Markt erhältlich.

Der Mischkonzern bot neben den Schuhen sehr unterschiedliche Industrieprodukte an, zum Beispiel auch Möbel und Erzeugnisse, die aus der Türkheimer Ersatzstoffforschung hervorgingen.

Ein halbes Jahrhundert nach dem Krieg lief das Geschäft gut. Mitte der 90er Jahre wurden jährlich noch neun Millionen, dann sieben Millionen Paar Schuhe hergestellt, die meisten in Ost- und Südost-Europa und in Asien. Nach dem Jahr 2000 wechselten die Aktionäre mehrmals, das Kapital begann zu wandern. Aus Waren mit dem Namen Salamander wurde 2002 einen Umsatz von 1,25 Milliarden Euro erzielt. Die Ware verkaufte sich allein in Europa in mehr als 200 Salamander-Filialen.

Die im Zuge der Kapitalwanderung entstandene Salamander-Gruppe mit unterschiedlichen Betrieben wurde nach und nach aufgelöst. Der Bereich Industrieprodukte ging an neue Eigentümer über. Die verbliebene Salamander-Gruppe übernahm der Konzern Egana-Goldpfeil aus Offenbach. In Kornwestheim verblieb der Bereich Schuhverkauf. Die in Deutschland vorhandenen Salamander-Filialen übernahm das Schuhhaus Klauser GmbH & Co. KG aus Wuppertal.

Die deutschen Produktionsstätten von Salamander wurden geschlossen. Egana-Goldpfeil ist in Hongkong ansässig. Der europäische Teil des Konzerns ging 2008 in Insolvenz, aber in Asien wurde weiter produziert.

2008 wurde die Marke Salamander verkauft. Unter diesem Namen produziert eine Konzern-Gruppe Salamander-Produkte und teilweise wird die Herstellung der Salamander-Produkte von unabhängigen Betrieben weitergeführt.

Das ist möglicherweise nicht der letzte Stand.

Die heutigen Eigentümer von Betrieben, die den Namen Salamander für ihre Produkte benutzen, sind ziemlich weit entfernt von der Geschichte, über die ich hier geschrieben habe. Die alte Last von Verantwortung und Schuld haben sie nicht zu tragen. Es wäre aber gut, wenn sie sich bewusst wären, welche Rolle der Name Salamander in der Nazi-Zeit spielte.

Dem Namen Salamander begegne ich hin und wieder. Das Gefühl, das mich jedes Mal erfasst, beschreibe ich nicht. Es ist nicht angenehm. In Kornwestheim leuchten nach wie vor die grünen Buchstaben SALAMANDER an dem Gebäude entlang der Bahn.

Der mächtige Konzern ist nicht spurlos verschwunden. Ich hoffe, dass von dem, was mit diesem Namen auf dem Markt ist und Gewinn bringt, etwas in die Kornwestheimer Stadtkasse fließt.

Die Kornwestheimer, die heutigen, leben mit diesem Namen und mit den Namen der Direktoren, die ihn reich und mächtig gemacht haben: Salamanderpark, Jakob-Sigle-Platz, Max-Levi-Straße, Alex-Haffner-Weg, Ernst-Sigle-Gymnasium und so weiter. Und seit 2013 gibt es in Kornwestheim eine Hanspeter-Sturm-Stadionhalle.

Nachbemerkung

Es war Ende März. Die Rote Armee stand seit mehreren Wochen an der Oder. Ich war müde geworden unter dem Zwang der Arbeit, des Hungers und der Bombennächte. Allein die Aussicht, dass die Befreiung Berlins bevorstand, verlieh mir Kraft. Ich träumte mir alles herbei, was ich mir vorstellen konnte. Es war schön, daran zu denken, was kommen würde, bald. Ganz unbemerkt war ich in diesen Tagen siebzehn geworden. Je näher das Ende des Krieges rückte, um so mehr wurde mir bewusst, wie jung ich war, und es wuchs der Wille, frei zu sein, ohne Zwang zu leben. Ich würde ausschlafen, mich in die Sonne legen, meine Nägel pflegen, ein neues Kleid aus sattroter Seide tragen, mir einen Freund suchen, glücklich sein.

Am frühen Vormittag eines Märztages wurde Salamander von einer Bombe getroffen. Wir aus dem vierten Stock befanden uns im Luftschutzkeller. Die Bombe schlug genau über uns ein. Um mich herum grelle Schreie. Hannchen krallte ihre Hände um meinen Arm. Beim Krach der Explosion schwankten die Wände. Das Licht flackerte. Ich starrte zur Decke, sah Kalk fallen. Dann war es dunkel. Gleich mussten die Wände stürzen, noch einen Moment, dann ... Sie schrien. Ich schrie nicht. Ich dachte ganz klar: Gleich kommt die Decke runter!

Die Wände schwankten. Sie hielten. Kalkstaub drang in Hals und Nase. Wir mussten husten, das Schreien hörte auf. Noch immer Hannchens verkrampfte Hände an meinem Arm. Ich löste ihre Hände und fasste sie fest um die Schultern. Ein Streichholz wurde angezündet, ein zweites, ein drittes. Wenige Lichtsekunden. Frauen waren im Keller und die Franzosen. Was nun? Die Franzosen begannen beruhigend auf uns einzureden. Niemand verstand die französischen Worte, aber alle begriffen es. Die Männer erreichten, dass Ruhe eintrat und alle auf ihren Plätzen blieben.

Der Kellerausgang war verschüttet. »Man wird uns rausbuddeln«, flüsterte Hannchen.

»Ich glaube, wir müssen uns selbst helfen«, erwiderte ich ihr ebenso leise.

Zum Keller des Nachbarhauses gab es einen der üblichen Mauerdurchbrüche: Die Grundmauer war aufgestemmt und nur mit schmalem Stein wieder zugemauert worden. Für den Notfall. Der war jetzt eingetreten. Die Franzosen gingen daran, den Durchbruch zu öffnen. Wieder verbreitete sich Kalkstaub. Im kurzen Lichtschein eines Streichholzes war zu erkennen, dass die ersten Ziegel schon ausgebrochen waren. Schließlich war das Loch so groß, dass man hindurchkriechen konnte. Die Franzosen untersuchten den Keller des Nebenhauses. Er war leer, aber auch verschüttet. Wir mussten in dem finsteren, von Kalkstaub erfüllten Keller ausharren, bis noch ein zweiter und noch ein dritter Mauerdurchbruch geschaffen war.

Als wir endlich wieder Tageslicht sahen, war mir, als seien Stunden vergangen. Kann sein, dass die Flugzeuge, die ich am Himmel sah, als ich aus den Trümmern kroch, noch dieselben waren, die die Häuser über uns zerstört hatten. Es können aber auch schon die Flugzeuge mit der nächsten Bombenlast gewesen sein. Die Zeit war mir aus dem Bewusstsein geglitten. Ich sah nur die Flugzeuge am Himmel, sah, wie die Bomben zur Erde schaukelten. Ein Spiel, das ich noch nie gesehen hatte. Alles war so fern von mir, so als sei ich nicht mittendrin. Verwirrt und taumelig ließ ich den Keller und Salamander hinter mir. Ich konnte gehen, einfach so, immer an der Spree entlang. Mich plagten weder Müdigkeit noch Hunger, mir war leicht zumute.

Ich vergaß Hannchen und die anderen und lief das Südufer der Spree abwärts, ohne zu merken, dass ich nach Hause lief. Dass ich in einen Luftschutzkeller gehen müsste, kam mir nicht in den Sinn, ich war ja gerade erst aus einem solchen herausgekrochen. Kein Mensch war auf der Straße, auch das fiel mir nicht auf. Ich nahm nichts wahr, ein Fuß setzte sich von ganz allein vor den anderen.

Ohne ein Wort zu sagen, war ich weggegangen. Von keinem hatte ich mich verabschiedet, nicht einmal von Hannchen. Keinen meiner Gefährten bin ich noch einmal begegnet.

Über die Schillingbrücke kam ich auf die andere Spreeseite. Ich ging die Andreasstraße hinauf und kam der Großen Frankfurter Straße näher. Die Rauchwolken wurden dichter, Aschefetzen flogen durch die Luft, Häuser brannten. Das ganze Viertel war zerstört. Über die alten Trümmer hatten sich neue geschichtet, und was nicht zertrümmert war, wurde ein Opfer der Flammen.

Flugzeuge waren nicht mehr zu sehen. Die Straßen füllten sich mit Menschen, die in wirrer Eile ihre Habe aus den Häusern holten. So kam ich zum Strausberger Platz. Es schien, als stünde ringsum alles in Flammen. Ich erreichte unser Haus. Es stand noch. Auf dem Hof war es heiß, aber das Haus brannte nicht.

Die Wohnung war leer, das Bett aufgeschlagen. Die Tasche, die Mutter immer zum Bunker mitnahm, war nicht da. Also wird sie zum Bunker gelaufen sein. Wie lange braucht man von dort nach Hause? Nicht so lange wie von Salamander. Aber ich bin ja schon auf dem Wege gewesen, als die Flugzeuge noch da waren. Es wird wohl noch die erste Staffel gewesen sein. Wie unordentlich es hier aussah, ich müsste aufräumen. Mutter würde gleich kommen. Ich wollte es denken, ich wollte ganz deutlich denken: Sie wird gleich kommen. Doch ich war so leer, ausgebrannt wie die Häuser an der Straße.

Ich werde unten auf Mutter warten, vor der Haustür. Dann sehe ich, wenn sie kommt. Ich will warten! Das konnte ich jetzt denken. Ich muss warten!

Was die Nachbarn rennen. Sie sind so laut. Ihr Geschrei tut mir weh.

Ja, hier neben dem Haustor bleibe ich. Da störe ich die Leute nicht. Es ist warm, ich hätte den Mantel oben lassen können. Sie wird ja gleich kommen. Bis dahin kann ich den Mantel anbehalten.

Das Haus da drüben brennt runter. Da bleibt nichts übrig. Dieser Rauch! Das meiste zieht nach oben, aber trotzdem. Die Augen tränen, ich muss doch ein Taschentuch haben. Ich müsste es suchen. Es steckt bestimmt in der Manteltasche. Jetzt fängt das Haus daneben an zu brennen. Das Dach zuerst. Da klirren Fensterscheiben. Dass die noch Scheiben haben! Die Flammen schlagen außen um die Mauer rum. Wie das rauscht. Wenn das nächste Haus brennt, muss ich in den Hausflur gehen, dann ist es hier draußen vor Qualm nicht mehr auszuhalten. Es brennt ja schon. Das ging aber schnell. Eine Weile kann ich noch hier stehen bleiben.

Unser Nebenhaus, die Nummer 96, kann nicht mehr abbrennen. Ist schon lange kaputt. Aber das dahinter ist jetzt dran. Die Funken können auf unser Dach fliegen. Ja, das ist möglich.

»Willst du nicht eure Sachen retten?«

»Ich muss doch warten. Mutter kommt gleich.«

Gegenüber wohnt Inge, mit der bin ich mal zur Schule gegangen. Und Geburtstag habe ich mit ihr gefeiert, da wollte der Lange mit ihr ausgehen, das war, als er noch keine Uniform trug wie später in Sanssouci. Sie räumen die Wohnung hinter dem Möbelladen aus. Dabei ist er noch gar nicht vom Feuer erfasst worden. Sie tragen Betten raus, Kleider, Eimer. Und ihre alten Möbel. Warum nehmen sie nicht die neuen aus dem Laden? Sie haben Zeit zum Ausräumen. Und ich bin so müde. Ich muss hier warten. Sie haben Zeit, bis jetzt brennt ja nur das Dach. Wie langsam sich die Flammen zum Parterre durchfressen. Sie müssten die Sachen mehr in die Mitte der Straße stellen, sonst brennen ihnen noch die Betten weg.

Hier im Flur stehe ich besser, hier ist nicht so viel Rauch. Gut, dass die kleine Scheibe immer noch in der Tür ist. Ich wische mal mit dem Ärmel darüber, damit ich besser durchsehen kann. Draußen konnte ich mehr sehen.

Mutter muss von der linken Seite kommen. Links wird sie aber nicht durchkommen. Da ist so viel Feuer und Trümmer liegen auf der Straße. Die Fassaden müssen direkt auf die Straße gekippt sein. Sie wird einen Umweg machen vom Bunker und von rechts kommen. Nach rechts habe ich auch viel bessere Sicht. Dieser verdammte Rauch, der kratzt im Hals.

Der Möbelladen ist ausgebrannt. Jetzt kauft sowieso niemand Möbel. Ob es schon dunkel wird? Ich muss mal hinausgehen. Hier im Flur ist es ja immer dunkel. Ich glaube, es ist schon Abend. Das Feuer hat alles hell und warm gemacht, aber jetzt brennt es nicht mehr. Nur hier und da noch ein bisschen Feuerschein. Es ist ruhiger geworden hier draußen. Die Leute sind mit ihren Sachen weg. Da stehen noch einige, sie warten auf was.

Aha, die ganze Häuserreihe auf der anderen Seite ist runtergebrannt. Aber auf unserer Seite steht noch was. Unser Haus und das nebenan, die 98, auch die Nummer 99. Aber von dem nächsten sehe ich nicht viel. Wenn ich nicht mehr so müde bin, gehe ich mal hin.

Ich glaube, ich bin jetzt ganz allein. Es ist schon Nacht. Oben ist die leere Wohnung. Was soll ich dort? Ich kann nicht hinaufgehen, ich muss doch warten. Wie dunkel es jetzt ist! Das Rauschen des Feuers ist auch vorbei und die Menschen sind weggegangen.

Am Strausberger Platz bewegen sich Schatten. Sie müssen aus der Weberstraße gekommen sein. Jemand kommt. Mutter! Mutter. Sie kommt. Sie hustet und röchelt. Ich fasse sie unter und bringe sie nach oben. Sie hat viel Rauch geschluckt.

Mutter wollte zum Bunker laufen, als die Sirene heulte, aber sie kam nicht weit, vielleicht hundert Meter, dann fielen schon die Bomben.

Sie sprang in einen Hausflur und presste sich an einen Pfeiler am Treppenaufgang. Das Haus stürzte bis zum zweiten Stock zusammen. Noch benommen ging Mutter durch den frei gebliebenen Ausgang zum Hof hinaus, kletterte über Trümmer und kam an der Weberstraße raus. Die schmale Weberstraße brannte zu beiden Seiten, es war unmöglich, hindurchzugehen. In der St.-Markus-Kirche, die von einem Fleckchen Park umgeben war, fand sie Schutz. Hier liefen die Leute aus den umliegenden Häusern zusammen. Aber schon bald war der Rauch in der Kirche dichter als im Freien und das Atmen schwerer als draußen.

Die Menschen bei der Kirche waren von einem Flammengürtel umgeben gewesen. Er hatte sich um sie geschlossen, nahm ihnen den Sauerstoff und fegte heißen Dunst und Rauchschwaden über sie. Sie mussten ausharren, bis das Feuer erloschen war. Darüber wurde es Nacht.

Dann erst konnten sie sich einen Weg suchen über die heißen Trümmer, die die Straße bedeckten, zum Strausberger Platz.

»Du brauchst einen Arzt, Mutter.« Sie winkte ab. »Wir schlafen erst mal.«

Schlafen ist gut. Mochten neue Bomben kommen. Um uns her gab es nichts mehr zu zerstören und keine Sirene war mehr da, die uns aufschrecken konnte. Es hatte ja auch keine Entwarnung gegeben. Und Salamander war in Trümmern und vom Anhalter Bahnhof fuhr in den nächsten Stunden bestimmt kein Zug.

Als wir wieder Kraft gesammelt hatten, schrieben wir einen Brief an Vater: Alles in Ordnung, wir sind wohlauf, die Wohnung steht noch. Jedes Wort stimmte, wir schrieben nicht die Unwahrheit. Dass die Gegend ein Trümmerfeld war, besagte nichts. Außerdem fühlten wir uns in diesen Resten einer Straße wirklich wohl nach allem, was gewesen war. Wir hatten noch immer ein Zuhause. Und Mutter war da.

Nach zwei Tagen sagte Mutter: »Du musst dich melden. Geh zum Arbeitsamt.«

»Ich habe genug, Mutter. Ich bleibe zu Hause, bis der Krieg aus ist.«

Mutter war bestürzt. »Das geht nicht, Kind.«

»Warum nicht? Wer weiß denn, dass ich überhaupt noch lebe? Meinst du, da hat jemand nachgeguckt, ob ich aus dem Kellerloch rausgekommen bin?«

»Die Franzosen sind bestimmt in ihr Quartier zurückgegangen, also werden sie wissen, dass ihr rausgekommen seid.«

»Auf dem Weg kann mich ein Splitter erwischt haben.«

»Dann müsste ich es bei der Polizei melden.«

»Und wenn es dich auch nicht mehr gäbe? Wir tun eben so, als gäbe es uns nicht mehr.« Ich hatte mir fest vorgenommen, mich nicht von Neuem in eine bewachte Halle zu stellen, auf den Eingang zu achten und mich auf den Abtransport in eine frontnahe Gegend vorzubereiten.

Mutter ließ mir noch einen Tag Freiheit. Dann forderte sie dringlicher: »Melde dich.«

»Warum willst du mich wegschicken? Wir haben nur immer Angst gehabt, Angst, Angst, Angst. Hör doch mal auf damit.«

»Was du vorhast, ist leichtsinnig. Wir können uns nicht totstellen.«

Um Ruhe zu haben, verkroch ich mich ins Bett und schlief bis zum nächsten Bombenangriff. Danach ließ mich Mutter gewähren, aber öfter als nötig lief sie durch die Wohnung, dann wieder stand sie lange am Fenster. Wenn jemand die Treppe heraufkam, lauschte sie hinter der Tür. Vor jeder Nachrichtensendung wurde sie krankhaft unruhig. Der Krieg war noch nicht zu Ende. Vor den Bomben fühlten wir uns jetzt, da nur noch zweieinhalb Häuser in unserer Umgebung standen, beinahe sicher. Was Mutter fürchtete, war die SS. Es könnte doch sein, meinte sie, dass sie die zerstreuten Zwangsarbeiter wieder zusammentrieben.

»Sei vernünftig«, bat Mutter.

Am 27. März, es war ein Montag, holte ich mir einen neuen Verpflichtungsbescheid, wieder einen mit dem Zeichen V6m darauf. Man wies mir neue Arbeit in einer Lederbude in der Neuen Königstraße 69/70 zu, unweit der Gollnowstraße, zweiter Hinterhof, gleich unterm Dach. Sie gehörte einem Wolfram Krentzlin.

»Die Amerikaner setzen schon über den Rhein. Vielleicht beginnt morgen oder übermorgen die Offensive an der Oder und alles ist ganz schnell zu Ende. Lass uns noch abwarten, Mutter.«

»Du hast eine Verpflichtung zur Zwangsarbeit in der Tasche!« Mutter war ärgerlich. Die Nachrichten, die wir in der Nacht hörten, stimmten sie optimistisch, so dass sie es duldete, dass ich bis in den Vormittag hinein schlief. Auch am Mittwoch und am Donnerstag glaubten wir, der Sturm auf Berlin werde beginnen. Doch so weit war es noch nicht.

Da lenkte ich ein: »Wenn bis Sonnabend nichts geschieht, gehe ich Montag früh zu der Lederbude.«

Montag war der 3. April. Ich fing an, Leder zu stanzen. Mit einem Holzhammer und messerscharfen Formen musste ich kleine Stücke aus gegerbten Tierhäuten hauen. Eine Stunde und es reicht für den ganzen Tag, wenn man diese Arbeit nicht gewohnt ist.

Nach zehn Tagen lag ein Blindgänger in der Lederbude. Der oberste Stock war zerstört.

Es war früh gegen sechs. Ich wollte in den Hof, wurde aber am Tor von einem Feuerwehrmann daran gehindert.

»Ich muss zu der Lederbude im Hinterhaus.«

»Aber Frolleinchen, die gibt's nicht mehr. Gehn Sie mal nach Hause.«

Der Rat war gut. Ich sah mich um, entdeckte aber niemanden aus der Lederstanzerei. Da ging ich nach Hause, entschlossen, nun wirklich nichts mehr zu tun, bis die Rote Armee kam.

Mutter sagte nichts dazu.

Am nächsten Tag, am 14. April, stand mein Vater vor der Tür. »Schorsch! Aber wieso ...?«

Wir waren wieder zusammen.

Vater hatte das Lager nicht ohne Schaden überstanden, er war verändert. Schmutz und Läuse ließen sich schnell beseitigen, aber nicht Nachwirkungen durchlebter Angst, der Erniedrigungen und der Schläge.

Wir blieben in der Wohnung, auch wenn Bomben fielen. Er brauchte einige Tage, um sich abzureagieren. Bis er sich wieder voll in der Gewalt hatte, vergingen Monate. Der körperliche Schaden ließ sich nicht beheben.

Vater war während eines Bombenangriffs auf das Leuna-Werk geflohen. Der Häftlingstrupp, dem er zugeordnet war, war zur Trümmerbeseitigung nach Leuna kommandiert worden. Die zerstörten Anlagen hatten aus dem Werkgelände ein unübersichtliches und unwegsames Labyrinth gemacht. Als die Sirene ertönte und im selben Augenblick auch schon Bomben explodierten, rannte die Wachmannschaft in schützende Deckung. Die Situation war günstig. Mein Vater lief mit zwei anderen Häftlingen durch das Chaos von Rohren und Schutt. Sie gelangten zur Straße und machten sich auf den Heimweg. Alle drei waren aus Berlin. Es war höchste Zeit für sie, wenn sie noch vor dem Sturm auf Berlin in der Stadt sein wollten. Und es war spät genug, um sicher zu sein, dass man nicht mehr nach ihnen oder nach ihren Frauen suchen würde. Drei Tage waren die Männer unterwegs. Am 14. April erreichten sie Berlin, am 16. begann der Angriff auf die Hauptstadt …

*

Dieses Buch konnte ich nur schreiben, weil ich viel Unterstützung erhielt. Ich möchte allen, die mit mir über die Salamander-Geschichte nachgedacht haben, danken. Auch praktische, aufwändige Hilfe bei der Beschaffung der Schriften und Dokumente habe ich erfahren. Besonders möchte ich Isolde Gneiting-Tränkle und Fraukelind Braun danken, die mir eine Brücke von Berlin nach Kornwestheim bauten, und meinem Sohn Ulrich, mit dem ich Fakten, Zusammenhänge, Wertungen intensiv erörtern konnte, bevor ich etwas aufschrieb.

Ich mache mir Sorgen um die politische Zukunft unseres Landes. Meldungen fremdenfeindlicher, neonazistischer Gewalttaten nehmen zu und der Staat, der Gefährdete zu schützen verpflichtet ist, hält sich zurück. Hilfe, Schutz, Rettung hängt weitgehend von der Zivilgesellschaft ab, von Organisationen und Gruppen, auch von jedem Einzelnen. Mit diesem Buch versuche ich mich einzuschalten, indem ich Sachverhalte und Denkweisen der Vergangenheit und deren Weiterwirken in der Gegenwart kommentiere. Es muss doch einen Weg geben, der aus dieser gesellschaftlichen Situation herausführt.

Mein Anliegen ist es, Denkprozesse anzuregen. Denn Veränderungen beginnen mit dem Nachdenken über die Vergangenheit und die Gegenwart.

Vera Friedländer
Berlin, den 22. Januar 2016

Zitierte Bücher und Artikel

AnSu: Sudrow, Anne, Der Schuh im Nationalsozialismus, Göttingen 2010

ChAr: Arbogast, Christine, Herrschaftsinstanzen der württembergischen NSDAP, München 1998

Gr/Eh: Grossmann, Wassili/Ehrenburg, Ilja, Das Schwarzbuch, Hamburg 1995

GSal: Sturm, Hanspeter, Geschichte der Salamander A. G., 1958

klSt: Sturm, Hanspeter, Eine kleine Stadt, Ludwigsburg 1999

KWH: 1200 Jahre Kornwestheim, Kornwestheim 1981

PeBr: Bräutigam, Petra, Mittelständische Unternehmen im Nationalsozialismus, München 1997

schH: Sturm, Hanspeter, Die Geschichte der Kornwestheimer Juden im Dritten Reich. Oder: Sie hatten schützende Hände, Ludwigsburg 1998

Trefz: Sturm, Hanspeter, Otto Trefz, Ludwigsburg 2007